JN412536

우리말 지장경

지옥중생이 다 성불할 때까지 성불을 않겠다고
하신 대자대비하신 지장보살님

우리말 지장경

목　차

지장보살본원경 하권

송경의식

정구업진언 (구업을 밝히는 진언)
淨口業眞言

『수리수리 마하수리 수수리

사바하』(세 번)

봉청청제재금강   봉청벽독금강
奉請靑際災金剛   奉請碧毒金剛

봉청황수구금강   봉청백정수금강
奉請黃隨求金剛   奉請白淨水金剛

봉청적성화금강   봉청정제재금강
奉請赤聲火金剛   奉請定除災金剛

봉청자현신금강   봉청대신력금강
奉請紫賢神金剛   奉請大神力金剛

봉청금강권보살　　봉청금강색보살
奉請金剛眷菩薩　　奉請金剛索菩薩

봉청금강애보살　　봉청금강어보살
奉請金剛愛菩薩　　奉請金剛語菩薩

오방내외안위제신진언 (오방의 모든 신을
五方內外安慰諸神眞言 위로하는 진언)

『나무 사만다 못다남 옴 도로도로

지미 사바하』(세번)

개 경 게 (경전을 펴는 게송)
開　經　偈

무상심심미묘법　　위없이　높고깊은
無上甚深微妙法　　미묘한법을

백천만겁난조우　백천만겁 지난들
百千萬劫難遭遇　어찌만나리

아금문견득수지　제가이제 보고듣고
我今聞見得受持　받아지니니

원해여래진실의　부처님의 진실한뜻
願解如來眞實意　알아지이다.

개법장진언 (법장을 여는 진언)
開法藏眞言

『옴 아라남 아라다』(세번)

지장보살본원경 상권

제1품. 도리천궁신통품
忉利天宮神通品

도리천궁에서 신통을 나투다

이와 같이 내가 들었다.

한때, 부처님께서 도리천에 계시면서 어머님을 위하여 설법하셨다.

그때, 시방의 한량없는 세계에서 말로 할래야 할 수도 없는 그 모든 부처님과 큰 보살마하살이 모두 다 법회에 모여서 찬탄하셨다.

"석가모니 부처님은 능히 오탁악세(五濁惡世)에서 불가사의한 큰 지혜와 신통력을 나투사, 억세고 거친 중

생을 조복하여 고락(苦樂)의 법을 알게 하신다." 하고,

각기 시자를 보내시어 부처님께 문안을 드렸다.

이때, 부처님께서 웃음을 머금으시고 백천만억의 큰 광명의 구름을 놓으시니, 이른바 대원만광명운·대자비광명운·대지혜광명운·대반야광명운·대삼매광명운·대길상광명운·대복덕광명운·대공덕광명운·대귀의광명운·대찬탄광명운이었다.

이러한 말할 수도 없는 광명의 구름을 놓으시고는, 또 여러 가지 미묘한 음성을 내시니, 이른바 보시바라밀

음·지계바라밀음·인욕바라밀음·
정진바라밀음·선정바라밀음·지
혜바라밀음·자비음·희사음·해탈
음·무루음·지혜음·대지혜음·사
자후음·대사자후음·운뢰음·대운
뢰음이었다.

　이러한 말할 수도 없는 음성을 내시
니, 사바세계와 타방국토에 있는 무
량 억 수의 하늘·용·귀신들도 도리
천궁으로 모여들었다. 이를테면 사천
왕천, 도리천, 수염마천, 도솔타천, 화
락천, 타화자재천, 범중천, 범보천, 대
범천, 소광천, 무량광천, 광음천, 소정
천, 무량정천, 변정천, 복생천, 복애

천, 광과천, 엄식천, 무량엄식천, 엄식
과실천, 무상천, 무변천, 무열천, 신견
천, 선현천, 색구경천, 마혜수라천, 내
지 비상비비상처천의 온갖 하늘 무리
며 용의 무리며 귀신 무리들이 법회에
모여들었다.

그뿐만 아니라, 또 타방국토와 사바
세계에 있는 해신(海神), 강신(江神), 하
신(河神), 수신(水神), 산신(山神), 지신(地
神), 천택신(川澤神), 묘가신(苗稼神), 주
신(晝神), 야신(夜神), 공신(空神), 천신(天
神), 음식신(飮食神), 초목신(草木神) 따
위의 신들도 모두 법회에 모여들었다.

또한 타방국토와 사바세계의 모든

큰 귀왕(鬼王)들인 이른바 악목귀왕, 담혈귀왕, 담정기귀왕, 담태란귀왕, 행병귀왕, 섭독귀왕 자심귀왕, 복리귀왕, 대애경귀왕 같은 이런 귀왕들도 모두 다 법회에 모여들었다.

그때에 석가모니 부처님께서 문수사리법왕자 보살마하살에게 말씀하시길,

"네가 여기에 모인 모든 부처님과 보살들과 하늘·용·귀신들을 보느냐? 지금 이 세계와 타방세계 및 이 국토와 타방국토에서 지금 도리천에 모여들어 이 법회에 참석한 자의 수효를 네가 알겠느냐?"

문수사리보살이 부처님께 아뢰었다.

"세존이시여, 제 신력으로는 설사 천겁 동안을 헤아린다고 하더라도 능히 그 수효를 알지 못하겠습니다."

부처님께서 문수사리보살에게 이르시길,

"내가 불안(佛眼)으로 볼지라도 오히려 그 수효를 알지 못하겠나니, 이들은 모두 다 지장보살이 오랜 겁을 지내오면서 이미 제도하였거나, 지금 제도하거나, 미래에 제도할 자들이며, 이미 성취하였거나, 지금도 성취시키거나, 미래에 성취시킬 자들이니라."

문수사리보살이 부처님께 아뢰었다.

"세존이시여, 저는 과거 오랫동안 선근(善根)을 닦아서 무애지(無碍智)를 얻었사오매, 부처님의 말씀을 듣고 마땅히 믿고 받아 지닐 수 있사오나, 소과(小果)인 성문(聲聞)이나 하늘·용 등 팔부신중과 미래세의 모든 중생들은 비록 부처님의 성실한 말씀을 들을지라도 반드시 의혹을 품을 것이오며, 설사 받아들였다가도 다시 비방하는 일을 면하지 못할 것이옵니다.

세존이시여, 지장보살마하살의 말씀을 좀 더 자세히 하여 주옵소서. 지장보살은 과거에 어떠한 행을 행하였고 어떠한 원을 세웠기에 능히 이처럼 불가사의한 일을 성취하셨사온지 널리 말씀하여 주옵소서."

부처님께서 문수사리보살에게 이르시길,

"비유하건대, 저 삼천대천세계에 가득한 초목, 총림과 벼 · 삼 · 갈대와 산석미진(山石微塵)의 그 갖가지 물건을 하나하나 세어서 그 수만큼의 항하가 있다고 하고, 그 많은 항하의 모든 모래 수만큼의 세계가 있으며, 그 숱한 세계 안의 한 먼지를 한 겁으로 치고, 그 모든 겁 동안에 쌓인 먼지 수를 다시 겁으로 치더라도, 지장보살이 십지의 과위(果位)를 증득한 이래 교화한

자의 수는 위에 든 비유보다도 천 배나 많으리라. 그러니 하물며 성문이나 벽지불의 지위에 있었던 동안이랴.

문수사리여, 이 보살의 위신력과 서원은 가히 생각할 수도 없느니라.

만약 미래세의 선남자·선여인이 보살의 명호를 듣고 찬탄하거나 우러러보고 예배하거나 혹은 명호를 부르거나, 공양을 올리거나 또는 형상을 그림으로 그리거나, 조각하여 만들거나, 형상에 칠을 올리거나 하면 이 사람은 마땅히 백 번을 33천에 태어나 영영 악도에 떨어지지 않게 되느니라.

문수사리여, 이 지장보살마하살은

저 머나먼 과거, 말로는 말할 수 없는
겁 전에 큰 장자의 아들이었느니라.
그때 세상에 부처님이 계셔서 호를 사
자분신구족만행여래(獅子奮迅具足萬行
如來)라 하셨으니, 그때 장자의 아들이
부처님의 상호가 천복(千福)으로 장엄
하심을 보고 부처님께 아뢰기를,

　‘세존이시여, 세존께서는 어떤 행
원을 지었사옵기에 이러한 상호를 얻
으셨나이까.’

　이에 사자분신구족만행여래께서
장자의 아들에게 이르시되,

　‘이 몸을 얻고자 하거든 마땅히 오
랫동안 온갖 고통을 받는 중생들을

제도해서 해탈시켜야 한다.'고 하셨
느니라.

문수사리여, 그때에 장자의 아들이
큰 서원을 하기를,

'제가 미래세가 다하도록 헤아릴
수 없는 겁 동안 이 죄고를 받는 육도
중생을 위하여, 널리 방편을 베풀어
서 모두 해탈시킨 연후에야 제 자신
이 비로소 불도를 이루리라.'라고 하
였느니라.

그로부터 지금까지 백천만억 나유
타의 이루 말할 수 없는 겁 동안을 아
직도 보살로 있느니라.

또 과거 불가사의 아승지겁 전에 그

때 세상에 부처님이 계시어 호를 각화정자재왕여래(覺華定自在王如來)라 하셨으니, 그 부처님의 수명은 사백천만억 아승지겁이셨느니라. 그 부처님의 상법(像法) 동안에 한 바라문의 딸이 있었으니, 그는 숙세에서 깊고도 두터운 복을 심어 여러 사람들로부터 흠모와 존경을 받았으며, 가거나 있거나 앉거나 눕거나 간에 모든 하늘이 그를 옹호하였느니라. 그러나 그의 어머니가 삿된 것을 믿고 항상 삼보를 업신여겼으므로 그 딸은 여러 가지의 방편을 베풀어서 그의 어머니에게 권유하여 바른 생각을 내게 하였지만, 어머니는 온전한 믿음을 갖지 못한 사이에 목숨을 마치고 그의 혼신은 무간지옥에 떨어졌느니라.

그때 바라문의 딸은 그 어머니가 세상에 살아 계실 때에 인과를 믿지 않았음을 알기 때문에 당연히 그 업을 따라서 반드시 악도에 떨어졌을 것으로 알고, 집을 팔아서 널리 좋은 향과 꽃 등 그밖의 모든 공양을 올릴 물건을 구하여 가지고 그 전 부처님[先佛]의 탑과 절에 크게 공양을 올렸느니라.

그때 바라문의 딸은 각화정자재왕여래의 형상이 한 절 안에 모셔져 그 그림의 위용이 장엄하고 두루 원만 구

족함을 보았다. 바라문의 딸은 더욱 우러러 예배 공경하는 마음을 내어 혼자 생각하기를,

'부처님의 명호는 대각(大覺)이시라 온갖 지혜를 갖추셨으니, 만약 이 세상에 계실 때라면 나의 어머니가 돌아가신 뒤에 부처님께 와서 물으면 반드시 나의 어머니 가신 곳을 알려주실 것이 아닙니까?' 하고 울면서 오래도록 부처님을 우러러보고 기도하였더니, 그때에 홀연히 공중에서 말소리가 들려 오되,

'우는 자여. 성녀(聖女)야, 너무 슬퍼하지 말라. 내 이제 네 어머니의 간 곳

을 알려주리라.'

이에 바라문의 딸이 합장하고 공중을 향하여 아뢰었다.

'이 어떠한 싱그러우신 덕이시옵기에 저의 근심을 너그러이 풀어 주시옵니까? 제가 어머니를 잃은 이래로 밤낮으로 생각하고 생각하였사오나, 저의 어머니가 가신 곳을 물을 곳이 없나이다.'

그때에 공중에서 다시 소리가 나서 바라문의 딸에게 이르기를,

'나는 네가 정성을 다하여 우러러 절을 하는 과거의 각화정자재왕여래이다. 네가 어머니를 생각하고 사랑하

는 마음이 보통의 중생들보다 배나 더 하기 때문에 와서 일러주노라.'

이 소리를 듣고 바라문의 딸은 감격하여 몸부림쳐서 팔다리가 성한 데 없이 다쳐 쓰러지자 좌우에 있는 이들이 부축하고 돌보아 한참 뒤에 다시 정신을 차리고 공중을 향하여 여쭈어 말하되,

'부처님이시여, 바라옵건대 인자하신 마음으로 불쌍히 여기시어 저의 어머니가 태어난 곳을 속히 일러주시옵소서. 저는 이제 몸과 마음을 가눌 길이 없어서 곧 죽을 것만 같나이다.'

그때 각화정자재왕여래께서 성녀

에게 이르시길,

　'네가 공양 올리기를 마치거든 곧 바로 집으로 돌아가서 단정히 앉은 후 나의 명호를 생각하라. 그리하면 곧 네 어머니의 태어난 곳을 알게 되리라.'

　이에 바라문의 딸은 곧 부처님께 예배드리고 집으로 돌아와서 어머니에 대한 생각으로 단정히 앉아서 각화정자재왕여래를 생각하였다. 그대로 하루 낮과 하룻밤이 지나자 홀연히 자기 자신이 한 바닷가에 와 있음을 알았는데, 그 물은 펄펄 끓어오르며 여러 사나운 짐승들이 많고 모두가 몸이 쇠로 되었으며, 바다 위를 동서로 날아서 이리저리 날아다니는 것이었으며, 그 속에 남자 여자 할 것 없이 수많은 사람들이 바닷속에 빠졌다 솟아났다 하는 것을 사나운 짐승들이 다투어 잡아서 뜯어먹는 것이었다. 또 보니, 야차들이 있는데 그 형상은 가지가지여서 이를테면 손이 여럿이고 눈이 여럿이고 다리도 머리도 여럿이며, 어금니가 입 밖으로 나와 날카로운 칼로 된 갈고리같은 것들이 모든 죄인들을 몰아다가 사나운 짐승들 가까이로 몰아주며, 또 스스로 때리고 움켜잡아 다리와 머리를 한데로 서로 얽어 묶어 놓은 형상이 천만 가지인지라 차마 오랫동안 볼 수가 없었다. 그때에 바라문의 딸은 염불하는 힘으로 자연히 두려움 없이 있었느니라.

거기에 한 귀왕이 있었는데 이름이 무독(無毒)으로 머리를 조아리고 성녀를 경건히 맞이하면서 이렇게 말하였다.

'장하십니다. 보살은 어떠한 인연으로 이곳에 오셨습니까?'

바라문의 딸이 귀왕에게 묻기를,

'이곳은 어떤 곳입니까?'

무독이 대답하되,

'여기는 대철위산(大鐵圍山) 서쪽에

있는 첫째 겁의 바다입니다.'

'내가 들으니 철위산 안에는 지옥이 있다는데 그것이 사실입니까?'

무독이 대답하되,

'참으로 지옥이 있나이다.'

성녀가 묻되,

'나는 어떻게 하면 그곳에 이를 수 있겠습니까?'

무독이 대답하되,

'그곳은 부처님의 위신력이거나 업력(業力)이 아니고서는 도저히 이르지 못합니다.'

성녀가 또 묻되,

'이 물은 어떤 연유로 저렇게 끓어

오르며, 저 많고 많은 사람들은 어떠한 죄인이며, 저 많은 사나운 짐승들은 어떻게 된 것입니까?'

무독이 대답하되,

'이곳은 염부제에서 악한 짓을 한 중생이 49일이 지나도록 그를 위하여 공덕을 지어 고난에서 건져주는 일이 없거나, 살아 있을 때에도 착한 인연을 지은 바가 없으면 부득이 본업(本業)의 지은 대로 지옥에 떨어지게 되어 그때에 자연히 이 바다를 먼저 건너게 되는데, 이 바다 동쪽으로 십만 유순(由旬)을 지나 또 한 바다가 있는데 거기의 고통은 여기의 배가 되며,

그 바다 동쪽에 또 한 바다가 있는데 거기의 고통은 다시 거기의 배가 되나이다. 이들은 삼업(三業)으로 지은 것을 스스로 받은 바이니, 다 업의 바다라 하며 그곳이 바로 여기입니다.'

성녀가 또 무독귀왕에게 묻되,

'지옥이 어디에 있나이까?'

무독이 대답하되,

'저 세 바닷속이 대지옥이며, 그 지옥의 수가 백천이로되, 각각 차별이 있으나 큰 것이 열여덟이고, 다음 것이 오백이 있으며, 또 그 다음 것이 천백이 있는 바, 그 지독한 고초는 이루 한량이 없습니다.'

성녀가 무독귀왕에게 또 묻되,

'나의 어머니는 돌아가신 지가 얼마 되지 않으니, 혼신이 어느 곳에 가 있는지 알 수 없나이까?'

귀왕이 묻되,

'보살님의 어머니는 생전에 어떠한 일을 하였나이까?'

성녀가 대답하되,

'나의 어머니는 소견이 삿되어서 삼보(三寶)를 비방하여 헐뜯었고, 설혹 잠깐 믿다가도 또 금방 공경하지 않았는데, 돌아가신 지가 얼마 되지 않으니 다시 태어난 곳을 알 수 있겠나이까?'

무독이 묻되,

'보살의 어머니는 성씨가 무엇이나이까?'

성녀가 대답하되,

'나의 부모는 모두 바라문의 종족으로 아버지의 이름은 시라선견(尸羅善見)이요, 어머니의 이름은 열제리(悅帝利)입니다.'

무독이 합장하여 머리를 조아리고 보살에게 말하되,

'원컨대 성자(聖者)께서는 집으로 돌아가시어 너무 슬퍼하거나 근심하지 마옵소서. 죄인이었던 열제리는 천상에 태어난 지 지금 3일이 되었습니다. 효순한 자식이 있어 어머니를 위하여 공양을 베풀어 복을 닦아 각화정자재왕여래의 탑사에 보시를 한 연고로 보살의 어머니만 지옥에서 벗어난 것이 아니라, 이날 이 무간지옥에 있던 죄인은 모두가 함께 천상에 태어나 낙을 누리게 되었습니다.' 하고 귀왕(鬼王)이 말을 마치고 합장하며 물러갔느니라.

바라문의 딸은 꿈과 같이 집으로 돌아와서 이 일을 깨닫고는 곧 각화정자재왕여래의 탑과 존상 앞에서 큰 서원을 세우기를,

'바라옵건대 저는 미래 겁이 다하

도록 죄고가 있는 중생이 있으면 마땅히 널리 방편을 베풀어서 해탈하도록 하겠나이다.' 하였느니라."

부처님께서 문수사리보살에게 이르시길,

"그때 귀왕인 무독은 지금의 재수(財首)보살이고, 그때의 바라문의 딸은 지금의 지장보살이니라." 하셨다.

제2품. 분신집회품
分 身 集 會 品

분신들이 모이다

그때에 백천만억의 이루 생각할 수 없고, 논할 수도 없으며, 헤아릴 수도 없고, 말로는 이루 다할 수 없는 한량 없는 아승지 세계에 있는 모든 지옥에 몸을 나투셨던 지장보살의 분신(分身)이 모두 도리천궁으로 모였으며, 또한 여래의 신통력으로 각 방면에서 해탈을 얻고 업도(業道)에서 나온 천만억 나유타 수의 무리들이 함께 향과 꽃을 가지고 와서 부처님께 공양을 올렸다. 이들은 모두가 지장보살의 교화로 인하여 영원토록 아뇩다라삼먁삼보리에서 물러서지 아니하는 이들이며, 이들은 머나먼 겁으로부터 내려오면서 생사 물결에 빠져 육도를 쉴 새 없이 쫓아다니며 갖은 고초를 잠시도 쉴 틈이 없이 받다가, 지장보살의 광대한 자비와 깊은 서원의 힘 때문에 각기 도과(道果)를 획득하고 이미 도리천궁에 이르매, 마음이 아주 기뻐서 여래를 우러러보며 잠시도 한눈을 팔지 않았다.

그때 세존께서 금빛 팔을 펴시어 백천만억의 가히 생각할 수 없고, 논할 수 없고, 헤아릴 수 없고, 말로는 이루

말할 수도 없는 무량 아승지 세계의 모든 화신(化身) 지장보살마하살의 이마를 어루만지시면서 이르시기를,

"내가 오탁악세(五濁惡世)에서 이와 같이 억세고 거친 중생들을 교화하여 그들의 마음을 조복시켜 삿된 것을 버리고 바른 길로 돌아오게 하였으나, 그 중 열 가운데 하나 둘은 아직도 나쁜 버릇에 빠져 있으므로 내가 또한 백천만억으로 분신을 나타내어 널리 방편을 베푸나니, 근기가 수승한 자는 법을 들으면 곧 믿고 받으며, 혹 좋은 과보가 있는 자는 부지런히 권하면 성취되며, 혹 어둡고 둔한 이는 오래

도록 교화를 거치면 비로소 돌아오는 자도 있으며, 혹은 업(業)이 중하여 우러러 공경하는 마음을 내지 않는 자도 있나니라. 이렇듯 중생의 무리는 각기 차별이 있음에, 분신을 나타내 제도하여 해탈시키되 혹은 남자의 몸을 나투고, 혹은 여자의 몸을 나투며, 혹은 하늘과 용의 몸을 나투고, 혹은 귀신의 몸을 나투며, 혹은 산·숲·내·강·못·샘·우물을 나타내어서 사람에게 이롭게 하면서 모두 제도·해탈하게 하며, 혹은 제석의 몸을, 혹은 범왕의 몸을, 혹은 전륜왕의 몸을, 혹은 거사의 몸을, 혹은 국왕의 몸을, 혹은 재상의 몸을, 혹은 관속의 몸을, 혹은 비구·비구니·우바새·우바이의 몸 내지는 성문·나한·벽지불·보살의 몸을 나타내시어 교화하고 제도하나니, 비단 부처님의 몸으로만 나타내는 것이 아니니라. 내가 여러 겁을 두고 근고(勤苦)하여 이와 같은 교화하기 어려운 억세고 거친 죄고 중생들을 제도하는 것을 보고, 그 가운데 아직 조복받지 못한 자가 있어서 업을 따라 과보를 받게 되어 만약 악도에 떨어져서 큰 괴로움을 받는 것을 보거든, 그대는 마땅히 내가 이 도리천궁에서 은근히 부촉한 것을 생각하고 사바세계에 미륵불이 출세하실 때까지 중생으로 하여금 영영 모든 고통을 여의어 해탈케 하여 부처님의 수기를 받게 하라."

그때 모든 세계에 나타나셨던 지장보살의 분신이 다시 한몸으로 되어 형상을 이루어 애절한 마음으로 눈물을 흘리면서 부처님께 말씀드리기를,

"제가 구원(久遠)한 겁 이래로 부처님의 인도를 받아 가히 생각할 수 없는 신력을 얻고 갖추었사오나, 저는 저의 분신으로 하여금 백천만억 항하의 모래와 같은 세계에 두루하여서 한 세계마다 백천만억의 몸을 나투옵고,

한 화신이 백천만억 사람을 제도하여
서 삼보께 귀의하게 하며 영원히 생사
를 여의고 열반락에 이르도록 하되,
다만 불법 가운데에서 착한 일만 한다
면 그것이 한 터럭·한 물방울·한 모
래알·한 먼지 혹은 털끝만한 것이라
도 하게 되면, 제가 점차 교화하여 제
도하고 큰 이익을 얻게 하오리다. 바
라옵건대 세존이시여, 후세의 악업 중
생 때문에 염려하지 마옵소서."

　이와 같이 세 번 부처님께 말씀드리
니 그때에 부처님께서 지장보살을 찬
탄하셨다.

　"착하고 착하다. 내가 그대를 도와

서 기쁘게 하리라. 그대는 능히 구원
겁으로부터 내려오면서 세운 큰 서원
을 성취하고 장차 널리 중생을 제도한
연후에 곧 보리를 증득하리라."

제3품. 관중생업연품
觀 衆 生 業 緣 品
중생의 업연을 살피다

그때 부처님의 어머니 마야 부인이 공경히 합장하고 지장보살께 여쭙되,

"성자시여, 염부제 중생이 업을 짓는 차별과 그에 따라 받는 과보는 어떠하나이까?"

지장보살이 대답하되,

"천만세계, 모든 국토에 혹 지옥이 있기도 하고 없기도 하며, 혹 여인이 있기도 하고 없기고 하며, 혹 불법이 있기도 하고 없기도 하며, 성문과 벽

지불도 또한 그와 같으며, 지옥의 죄보도 한 가지뿐만은 아니오이다."

마야 부인이 지장보살에게 거듭 여쭈옵되,

"바라옵건대 염부제에서 지은 갖가지 죄업으로 인하여 악한 곳에 떨어져서 과보를 받은 것에 대하여 듣고자 하오이다."

지장보살이 대답하되,

"성모(聖母)시여, 바라건대 잘 들으소서. 제가 대강 말씀하오리다."

성모가 여쭈옵되,

"바라옵건대 성자시여, 말씀하여 주옵소서."

이때에 지장보살이 성모에게 대답하되,

"남염부제에서 받게 되는 죄보의 이름은 대개 이러하나이다. 만약 어느 중생이 부모에게 불효하고 혹 살생까지 하기에 이르면 당연히 무간지옥에 떨어지게 되어 천만억 겁에도 벗어날 기약이 없으며, 만약 어느 중생이 부처님의 몸에서 피를 내거나 삼보를 비방하고 경전을 공경하지 아니한다면, 이 또한 마땅히 무간지옥에 떨어져서 천만억 겁으로도 벗어날 기약이 없게 되나이다. 만약 어떤 중생이 상주대중의 물건을 침범하거나, 손해를 끼치거나, 비구·비구니를 더럽히거나, 혹은 절 안에서 음욕을 자행하거나, 혹은 죽이거나 해치거나 한다면 이러한 무리도 당연히 무간지옥에 떨어져서 천만억 겁으로도 벗어날 기약이 없나이다. 거짓 사문이 되어 마음은 사문이 아니면서 상주물을 파괴하고 함부로 쓰며, 신도를 속이며, 계율을 어겨서 갖가지 나쁜 죄를 지으면, 이러한 무리들도 마땅히 무간지옥에 떨어져서 천만억 겁으로도 벗어날 기약이 없나이다. 만약 어떤 중생이 상주물을 훔치든지, 재물이나 곡식이나 음식이나 의복을 단 한 가지라도 주지 않은 것을 취하는 자도 당연히 무간지옥에 떨어져서 천만억 겁에도 구출될 기약이 없나이다.

성모여, 만약 어떤 중생이라도 이와 같은 죄를 지으면 당연히 무간지옥에 떨어져서 잠깐만이라도 고통이 멈추어지기를 구하여도 가히 얻지 못하게 되나이다."

마야 부인이 거듭 지장보살에게 여쭙되,

"어떠한 곳을 무간지옥이라 이름 하나이까?"

지장보살이 대답하되,

"성모이시여, 모든 지옥은 대철위

산 안에 있는데, 그 중에 대지옥이 열여덟 곳이 있으며, 그 다음의 지옥이 또 오백이 있어 이름이 각각 다르며, 또 그 다음의 지옥이 천백인데 역시 이름이 각각 다르나이다.

무간지옥은 지옥의 성 둘레가 팔만여 리가 되고 그 성은 순전히 쇠로 만들어졌으며, 성의 높이는 일만 리이고 성 위에는 불무더기가 있어서 빈틈없이 타오르고 있으며, 그 지옥 성중에는 모든 지옥이 서로 이어져 있는데 그 이름이 각각 다르며, 거기서도 특별한 지옥이 있어서 이름을 무간지옥이라 하는데 그 옥의 둘레는 일만팔천

리요, 옥 담장의 높이는 일천 리이며, 위의 불은 밑으로 타 내려오고, 밑의 불은 위로 치솟으며, 쇠로 된 뱀과 쇠로 된 개가 불을 뿜으면서 옥 담장 위를 동서로 쫓아다니며, 옥 안에는 넓이가 만 리나 되는 평상이 있는데 둘레는 만 리에 가득하며, 그 속에서 한 사람이 죄를 받는데도 스스로 그 몸이 평상 위에 가득하게 하는 것을 보며, 천만 사람이 죄를 받을 때도 또한 각기 자기 몸이 평상에서 가득차는 것을 보며, 여러 죄업으로 인하여 받게 되는 과보가 이와 같으며, 또 모든 죄인이 온갖 고통을 골고루 갖추어 받나

니, 백천의 야차와 악귀들의 어금니는
칼날과 같고 눈빛은 번개와 같으며,
손은 구리쇠 손톱으로 죄인의 창자를
빼서 토막쳐 자르며, 또 어떤 야차는
큰 쇠창을 가지고 죄인의 몸을 찌르
며, 혹은 입과 코를 자르고, 혹은 배와
등을 찔러서 공중에 던졌다가 도로 받
아서 평상 위에 놓기도 하며, 또 쇠 독
수리가 있어서 죄인의 눈을 파먹으며,
또 쇠 뱀이 있어 죄인의 목을 감아 조
이며, 온몸 마디마디에 긴 못을 내리
박고, 혀를 뽑아서 보습으로 갈며, 죄
인을 끌어다가 구리 쇳물을 입에 붓고
뜨거운 철사로 몸을 감아서 만 번 죽

였다 만 번 살렸다 하나니, 죄업으로 받는 것이 이와 같아서 억겁을 지내어도 구출될 기약이 없습니다. 그러다가 이 세계가 무너질 때는 다른 세계로 옮겨가게 되고, 다른 세계가 무너지면 또 다른 세계로 옮겨가고 옮겨가고 하다가 이 세계가 다시 이루어진 뒤에는 또 돌고 돌아오게 되나이다. 무간지옥의 죄보는 이러하옵니다.

또한 다섯 가지 업(業)으로 느끼는 것이 있는데 오무간이라 이름하며 그 다섯 가지란, 첫째는 밤낮으로 고초를 받는데 여러 겁을 거듭한다 해도 잠시도 끊일 사이가 없으므로 무간이라 하며, 둘째는 한 사람만으로도 가득히 차고 많은 사람이 있어도 가득하므로 무간이라 하며, 셋째는 형벌을 다루는 기구에 쇠방망이와 독수리·뱀·이리·개·맷돌·톱·도끼·가마에 끓는 물·철망·철사·쇠 나귀·쇠 말이나 생가죽 등으로 목을 조르고, 뜨거운 쇳물을 몸에 부으며, 주리면 쇠구슬을 삼키고, 목마르면 쇳물 마시기를 해가 다하고 겁이 다하여, 한량없는 나유타(那由他) 수에 이르더라도 고초가 한시라도 끊일 사이가 없으므로 무간이라 하며, 넷째는 남자나 여자나 오랑캐나 늙은이나 어린이나 귀한 사

람이나 천한 사람·천인·왕·신·
하늘·귀신까지라도 죄를 지은 업의
과보는 모두 똑같이 받으므로 무간이
라 하며, 다섯째는 만약 이 지옥에 떨
어지면 처음 들어갔을 때부터 백천 겁
에 이르도록 하루 낮, 하룻밤 사이에
만 번 죽고, 만 번 살아나 그 사이에
한 생각 동안을 쉬고자 하여도 쉴 수
도 없고, 오직 업이 다하여야 바야흐
로 다른 곳에 나게 되는 것을 제외하
고는 이렇게 끊이지 않고 이어지므로
무간이라 하오이다.

성모여, 무간지옥에 대한 것을 대강
말하자면 이와 같으오나, 만약 자세히

지옥의 형벌하는 기구 등의 이름과 그 모든 고통을 상세히 말하자면 한 겁 동안에도 다 말할 수 없나이다.”

마야 부인이 이 말을 듣고 나서 근심 깊은 얼굴로 합장 정례하고는 물러 갔다.

제4품. 염부중생업감품
閻 浮 衆 生 業 感 品

염부중생이 업보 받다

이때에 지장보살마하살이 부처님께 여쭈었다.

"세존이시여, 제가 부처님의 위신력을 입은 연고로 두루 백천만억 세계에 이 몸을 나투어서 일체 고통받는 업보 중생을 구원하나이다.

만약 여래의 크나큰 자비의 힘이 아니라면 능히 이러한 변화를 하지 못하나이다. 제가 이제 또한 부처님의 부촉(付囑)을 입었사와, 아일다(阿逸多, 미륵부처님)께서 성불하여 오실 때까지 육도 중생으로 하여금 해탈하게 하오리니 세존께서는 염려하지 마시옵소서."

그때에 부처님께옵서 지장보살에게 이르시길,

"일체 중생이 해탈을 얻지 못하는 것은 성식(性識)이 정한 바가 없어 악한 습관으로 업을 짓고 착한 습관으로 과(果)를 지어서, 혹은 착하기도 하고 악하기도 하여 경계에 따라 태어나게 되는 바, 육도를 윤회하되 잠시도 쉴 사이가 없으며, 그 사이가 티끌 수와 같은 겁이 지나도록 미혹하여 장애와 액난을 받는 것이 마치 고기가 그물 안에서 놀면서 긴 물에 흘러갔다가 벗어났다가 들어가고 하며 잠시 나온 줄 알아도 다시 그물을 만나는 바와 같은 바, 이러한 무리들을 내가 마땅히 근심하고 염려하였더니, 네가 이미 예부터 세웠던 원력과 또한 여러 겁을 두고 크게 맹세한 바를 마치려 하여, 이들 죄업 중생의 무리들을 제도하리라 하니, 내가 다시 무엇을 염려하리오."

부처님께서 이 말씀을 설하실 때에 회중에 한 보살마하살이 있으되, 이름이 정자재왕(定自在王)이라 하셨는데 부처님께 사뢰어 여쭈옵되,

"세존이시여, 지장보살이 여러 겁을 내려오면서 각각 어떠한 원(願)을 세웠기에 이렇게 세존의 은근하신 찬탄을 입게 되었나이까? 세존께옵서 간략히 말씀하여 주시옵소서."

그때에 세존께옵서 정자재왕보살에게 이르시되,

"자세히 듣고 자세히 들어서 잘 생각하고 생각하여라. 나는 마땅히 너를 위하여 분별하여 설명하리라. 지나간 옛 과거 한량없는 아승지 나유타 불가설 겁에 그 당시 부처님이 계셨으니, 호는 일체지성취여래(一切智成就如來)·응공·정변지·명행족·선서·세간

해·무상사·조어장부·천인사·불세존이셨고, 그 부처님의 수명은 육만겁이었더니라. 이 부처님께서 출가하시기 전에는 작은 나라의 왕으로서 한 이웃나라의 왕과 벗이 되어서 함께 십선(十善)을 행하며 중생들을 이롭게 하였느니라. 그런데 이웃나라의 백성들이 여러 가지 악을 많이 지었기 때문에 두 왕은 의논하여 여러 가지의 방편을 베풀었는데 한 왕은 이때 서원을 세우기를 '어서 불도를 이루어서 널리 이 중생들을 제도하여 남음이 없도록 하리라' 하였고, 한 왕은 서원을 세우기를 '만약 먼저 이 죄 많은 중생들을 제도하여 안락하게 하고 보리를 얻게 하지 못한다면 내가 언제까지나 부처가 되기를 바라지 않으리라' 하였느니라."

부처님께옵서 정자재왕보살에게 계속하여 말씀하시되,

"속히 성불하기를 발원한 왕은 곧 일체지성취여래이시며, 죄 많은 중생을 길이 제도하지 아니하면 성불하기를 원치 않는다고 발원한 왕은 곧 지장보살이니라.

다시 과거 무량 아승지겁에 한 부처님이 계셨으니, 이름이 청정연화목여래(淸淨蓮華目如來)이시니, 그 부처님의 수명은 사십 겁이셨는데 그 부처님의 상법(像法) 시대에 한 나한(羅漢)이 계시어 중생을 복으로써 제도하였느니라. 교화를 하시던 중에 한 여인을 만나게 되었는데 그 이름이 광목(光目)이니라. 그가 음식을 베풀어 공양을 올릴 때, 나한이 원하는 바가 무엇이냐고 물으니 광목이 대답하기를,

'제가 어머니께서 돌아가신 날에 복을 지어 어머니를 천도하고자 하오나, 저의 어머니가 어느 곳에 가서 나신 줄을 알지 못합니다.' 하였느니라.

나한은 이를 가엾이 여기고, 정(定)에 들어 관찰하여 보니 광목의 어머니

가 나쁜 갈래에 떨어져 큰 고통을 받는 것이 보였다. 이에 나한은 광목에게 말하기를,

'그대의 어머니가 살아 계실 때 어떠한 업을 지었기에 지금 나쁜 갈래에서 아주 큰 고통을 받고 있나이까?'

광목이 대답하기를,

'우리 어머니는 평소에 물고기와 자라 등을 먹기 좋아하시어 특히 자라 새끼를 많이 먹었는데, 볶고 지지고 하여 마음대로 먹었나이다. 아마 그 수가 천이나 만보다도 배나 더 될 것이옵니다. 존자께서는 가엾이 여기시어 어떻게 하든지 어머니를 구하여 주

시옵소서.'

나한이 이를 불쌍히 여기시고 방편을 지어서 광목에게 권하기를,

'그대는 지극한 정성으로 청정연화목여래를 생각하고 따라서 그 형상을 조성하거나 그려서 모시도록 하시오. 그렇게 하면 산 사람도 죽은 사람도 모두 좋은 과보를 얻을 것이오.'

광목은 이 말을 듣고 곧 아끼던 물건들을 팔아서 급히 부처님 형상을 그려 모시고, 이를 공양하고 공경하는 마음으로 슬피 울면서 우러러보고 예배드렸더니, 문득 새벽녘 꿈에 부처님의 모습을 뵈오니, 금빛이 찬란히 빛

나는 것이 마치 수미산과 같았다. 큰 광명을 놓으시면서 광목에게 말씀하시기를,

'네 어머니는 오래지 않아서 네 집에 태어나게 되리라. 그리고 배고프고 추운 것을 느낄 만하면 곧 말을 하게 되리라.' 하시었다.

그 뒤 집안에 한 종이 자식을 낳으니, 3일이 되기 전에 이내 말을 하며 머리를 숙여 슬피 울면서 광목에게 이르되,

'생사의 업연으로 과보를 스스로 받게 되나니, 나는 바로 너의 어머니라. 오래도록 컴컴하고 어두운 곳에

있었으며, 너와 헤어진 후로 여러 번 대지옥에 떨어졌으나, 이제 너의 복력을 입어 마땅히 수생(受生)하였지만 이렇게 하천한 사람이 되었으며, 또다시 단명하여 나이 13세가 되면 다시 악도에 떨어지게 될 것이니, 네가 어떤 방법으로 하여 나로 하여금 이로부터 벗어나게 하리오?' 하거늘,

광목이 이 말을 듣고 어머니인 줄 알고 의심 없이 목메어 슬피 울며, 종의 아이에게 이르되,

'이미 우리 어머니가 틀림없다면 본죄(本罪)를 아셔야 하나이다. 어떠한 업을 지었기에 악도에 떨어졌나

이까?'

종의 자식이 된 어머니가 말하시기를,

'산 목숨을 잡아 죽이고 불법을 헐뜯고 욕하고 한 가지가지 죄업으로 보를 받은 바, 만약 복된 힘으로 나를 고난에서 구출하지 않았으면, 이 업 때문에 도저히 벗어날 수 없었을 것이니라.'

광목이 물어 말하되,

'지옥에서 받은 죄보는 어떤 것이오니까?'

대답하기를,

'그건 이루 다 입으로 말할 수도 없

다. 백천세 중에 말하여도 다 말할 수가 없다.'

광목이 듣기를 마치고는 눈물을 흘리고 슬피 울며 허공계를 향하여 사뢰어 말하되,

'원하옵건대 나의 어머니가 영원히 지옥의 갈래를 벗어나 13세를 마치고는 다시 무거운 죄와 악도에 걸림이 없도록 하옵소서.

시방의 모든 부처님이시여, 저를 보시어 제가 어머니를 위하여 세운 이 광대한 서원을 들어주시옵소서. 만약 나의 어머니가 삼악도와 이 하천함 내지 여인의 몸까지 영원히 여

의어서 영겁토록 그러한 업보를 다시 받지 않게 되옵는다면, 원컨대 내 스스로 청정연화목여래 앞에서 맹세하옵니다.

이 뒤로 백천만억겁 동안 모든 세계의 모든 지옥과 삼악도의 모든 죄고 중생들을 제도하여서 그들로 하여금 지옥·아귀·축생의 몸을 여의게 하고, 이와 같은 죄보의 무리들이 다 성불한 연후에야 비로소 저는 정각을 이루겠나이다.'

이렇게 서원을 마치자 청정연화목 여래의 말씀이 들려왔다.

'광목아! 네가 큰 사랑과 연민으로

능히 착하게 어머님을 위하여 이와 같은 큰 원을 세웠기에 내가 관한 즉, 너의 어머니가 13세를 마치면 이 업보의 몸을 버리고 바라문으로 태어나서 백 세의 수를 누릴 것이다. 그리고 그 보가 지난 뒤에는 무우국토(無憂國土)에 태어나서 헤아릴 수 없는 겁을 지내다가 불과(佛果)를 이루고 널리 항하의 모래수와 같은 인간과 하늘을 제도하리라.' 하였느니라."

부처님께옵서 정자재왕보살에게 이르시되,

"그때에 나한의 몸으로 광목을 제도한 자는 곧 무진의보살이요, 광목의 어머니는 곧 해탈보살이며, 광목은 곧 지장보살이니라. 과거 구원겁 중에 이같이 자민(慈愍)스러웠으니, 항하의 모래와 같은 원을 발하고 널리 중생을 제도하여 왔느니라.

미래의 세상 중에 만약 남자나 여인이 있어 선을 행하지 않는 자와 악을 행하는 자, 인과를 믿지 않는 자, 사음(邪婬)하고 망어(妄語)를 하는 자, 양설(兩舌)과 악구(惡口)를 하는 자, 대승을 훼방하는 자, 이러한 모든 죄업의 중생들은 반드시 악도에 떨어질 것임에 틀림이 없지만, 만약 선지식을 만나서 그의 권유로 손가락을 한 번 튕

길 동안만이라도 지장보살에게 귀의
한다면, 이 모든 중생이 삼악도의 죄
보에서 해탈함을 얻으리니, 만약 능
히 지극한 마음으로 귀의하고 공경하
며 예배하고 찬탄하며 향과 꽃과 의복
과 갖가지 진보와 혹은 음식으로 받들
어 올리는 자는, 미래의 백천만억 겁
중에 항상 모든 하늘에서 뛰어난 낙
(樂)을 받을 것이며, 만약 하늘에서 복
이 다하여 다시 인간으로 내려오더라
도 오히려 백천 겁을 항상 제왕이 되
어서 능히 숙명(宿命)과 인과의 전후를
다 기억하게 되리라.

정자재왕보살이여, 이와 같이 지장

보살에게는 불가사의한 대위신력이 있어 널리 중생을 이롭게 하나니, 그대들 모든 보살은 마땅히 이 경을 기록하여서 널리 유포하도록 하여라."

정자재왕보살이 부처님께 사뢰어 말씀하시되,

"세존이시여, 원하옵건대 염려하지 마옵소서. 우리들 천만억 보살마하살이 반드시 부처님의 위신을 이으사, 널리 이 경을 펴서 저 염부제 중생들을 이롭게 하겠나이다."

정자재왕보살이 이렇게 세존께 사뢰기를 마치시고 합장 공경하여 절하고 물러났느니라.

그때 사방(四方)의 천왕이 함께 자리에서 일어나서 합장 공경하면서 부처님께 사뢰었다.

　　"세존이시여, 지장보살이 저 구원겁에 이미 그러한 큰 원을 세웠거늘, 어찌하여 지금까지도 오히려 제도하는 것이 끝나지 않았으며, 다시 광대한 서원을 세워야 하나이까? 원하옵건대 세존께옵서는 우리들을 위하여 말씀하여 주옵소서."

　　부처님께옵서 사천왕께 이르시되,

　　"착하고 착한지라, 내가 이제 너희들과 현재·미래의 하늘과 인간의 중생들에게 널리 이익되게 하기 위하여 지장보살이 저 사바세계 염부제에서 생사의 길에서 자비로 일체의 죄 많은 중생들을 구원하여 해탈케 하는 방편을 설하리라."

"세존이시여, 원컨대 즐거이 듣고자 하나이다."

부처님께옵서 사천왕에게 이르시길,

"지장보살이 오랜 겁으로부터 오면서 지금까지 이르도록 아직도 원을 마치지 못하고 이 세계의 죄 많은 중생을 자비로이 가여워하며, 미래의 한량 없는 많은 겁 중에 업의 인(因)이 이어져서 끊이지 않음을 봄으로써, 또 거듭 원을 세우게 되느니라.

이와 같이 보살은 사바세계의 염부
제 안에서 백천만억 방편으로 제도하
나니 사천왕이여, 지장보살이 만약 산
목숨을 죽이는 자를 만나면 그 묵은
재앙으로 단명하게 되는 업보를 말해
주고,

　　만약 도둑질하는 자를 만나면 빈궁
하고 고초받는 업보를 말해주고,

　　만약 사음하는 자를 만나면 비둘기
와 오리·원앙새의 업보를 말해주고,

　　만약 악담하는 자를 만나면 친족 간
에 서로 이간질하며 다투는 업보를 말
해주고,

　　만약 훼방하는 자를 만나면 혀가

없고 입에 창이 생기는 업보를 말해주고,

만약 성내고 분해하는 자를 만나면 얼굴이 더럽고 추악하게 풍창이 생기는 업보를 말해주고,

만약 탐내고 인색한 자를 만나면 구하는 바 소원이 뜻대로 되지 않는 업보를 말해주고,

만약 음식을 절도 없이 먹는 자를 만나면 배고프고 목마르고 목병이 생기는 업보를 말해주고,

만약 사냥을 함부로 하는 자를 만나면 놀라 미치고 목숨을 잃어버리는 업보를 말해주고,

만약 부모에게 패역하는 자를 만나면 천재지변으로 졸지에 죽는 업보를 말해주고,

만약 산의 수풀과 나무에 불 지르는 자를 만나면 미쳐서 헤매다가 정신없이 죽는 업보를 말해주고,

만약 전후(前後) 부모에게 악독하게 하는 자를 만나면 다시 바꾸어 태어나서는 매를 맞는 갚음을 당하는 업보를 말해주고,

만약 그물로 살아 있는 동물의 새끼를 잡는 자를 만나면 골육간에 분산 이별하는 업보를 말해주고,

만약 삼보를 헐뜯고 비방하는 자를

만나면 눈 멀고 귀 멀고 벙어리 되는
업보를 말해주고,

만약에 법을 경시하고 교(敎)를 업
신여기는 자를 만나면 영원토록 악도
를 못 면하는 업보를 말해주고,

만약 절 및 상주대중의 물건을 파하
거나 함부로 쓰는 자를 만나면 억겁을
지옥에서 맴도는 업보를 말해주고,

만약 범행(梵行)을 더럽히고 승려를
속이는 자를 만나면 영원토록 축생을
못 면하는 업보를 말해주고,

만약 끓는 물이나 타는 불·도끼나
낫 같은 흉기로 상해하는 자를 만나
면 윤회하면서 서로 갚는 업보를 말

해주고,

　만약 계율을 파하고 재(齋)를 범하는 자를 만나면 새와 짐승의 몸을 받아 주리고 배고픈 업보를 말해주고,

　만약 재물을 옳지 않게 쓰는 자를 만나면 구하는 바가 막히고 끊어지게 되는 업보를 말해주고,

　만약 자만심이 높은 자를 만나면 하천하고 미천한 종이 되는 업보를 말해주고,

　만약 한 입으로 두말하고 서로 다투게 하는 자를 만나면 혀가 없거나 혀가 많거나 하는 업보를 말해주고,

　만약 소견이 삿된 자를 만나면 변두

리에 태어날 업보를 말하여주느니라.

　이렇게 염부제의 중생이 몸과 입과 뜻으로 짓는 악습의 결과로 받는 백천 가지의 업보를 이제 대강 말하였거니와, 이러한 염부제의 중생들이 그 업으로 느끼는 차별인지라. 지장보살이 백천 방편으로 교화하건만, 이 모든 중생이 먼저 받은 이러한 업보로 뒤에 지옥에 떨어져서 여러 겁을 지내되 벗어날 기약이 없으므로, 그대들은 사람을 보호하고 나라를 지키어서 이 모든 중생들이 또 다른 중생들을 미혹하게 하는 일이 없도록 하라."

　사천왕이 이 말씀을 듣고 눈물을 흘

리며 슬피 탄식하면서 합장하고 물러
갔느니라.

지장보살본원경 중권

제5품. 지옥명호품
地獄名號品

지옥의 이름

그때 보현보살마하살이 지장보살에게 말하시길,

"인자시여, 원컨대 천룡팔부와 미래·현재의 모든 중생을 위하여서 사바세계 염부제 죄고 중생이 업보로 받는 지옥의 이름과 악한 과보를 받는 일들을 말하여서 미래세 말법 중생으로 하여금 이 과보를 알게 하소서."

지장보살이 대답하시길,

"인자시여, 내가 이제 부처님의 위

신과 대사(大士: 보현보살)의 힘을 이어받아 지옥의 명호와 죄업으로 받는 과보를 간략히 말하겠나이다.

인자시여, 염부제의 동방에 산이 있으니, 이름은 철위(鐵圍)라고 하는데 캄캄하고 깊어서 해와 달의 빛이 없으며, 거기에는 이른바,

큰 지옥이 있으니 이름이 극무간(極無間)이며,

또 지옥이 있어 이름이 대아비(大阿鼻)이며,

또 지옥이 있어 이름이 사각(四角)이며,

또 지옥이 있어 이름이 비도(飛刀)이며,

또 지옥이 있어 이름이 화전(火箭)이며,

또 지옥이 있어 이름이 협산(夾山)이며,

또 지옥이 있어 이름이 통창(通槍)이며,

또 지옥이 있어 이름이 철거(鐵車)이며,

또 지옥이 있어 이름이 철상(鐵床)이며,

또 지옥이 있어 이름이 철우(鐵牛)이며,

또 지옥이 있어 이름이 철의(鐵衣)이며,

또 지옥이 있어 이름이 천인(千刃)이며,

또 지옥이 있어 이름이 철려(鐵驢)이며,

또 지옥이 있어 이름이 양동(洋銅)이며,

또 지옥이 있어 이름이 포주(抱柱)이며,

또 지옥이 있어 이름이 유화(流火)이며,

또 지옥이 있어 이름이 경설(耕舌)이며,

또 지옥이 있어 이름이 좌수(剉首)이며,

또 지옥이 있어 이름이 소각(燒脚)이며,

또 지옥이 있어 이름이 담안(啗眼)이며,

또 지옥이 있어 이름이 철환(鐵丸)이며,

또 지옥이 있어 이름이 쟁론(諍論)이며,

또 지옥이 있어 이름이 철수(鐵銖)이며,

또 지옥이 있어 이름이 다진(多瞋)이라 하나이다.

인자시여, 철위산 내에는 이와 같은 지옥의 수효가 한도 끝도 없나이다.

이 밖에 또 지옥이 있어

규환(叫喚)지옥 · 발설(拔舌)지옥 ·

분뇨(糞尿)지옥 · 동쇄(銅鎖)지옥 ·

화상(火象)지옥 · 화구(火狗)지옥 ·

화마(火馬)지옥 · 화우(火牛)지옥 ·

화산(火山)지옥 · 화석(火石)지옥 ·

화상(火床)지옥 · 화량(火梁)지옥 ·

화응(火鷹)지옥 · 거아(鉅牙)지옥 ·

박피(剝皮)지옥 · 음혈(飮血)지옥 ·

소수(燒手)지옥 · 소각(燒脚)지옥 ·

도자(倒刺)지옥 · 화옥(火屋)지옥 ·

철옥(鐵屋)지옥 · 화랑(火狼)지옥

등이 있나이다.

이 지옥들 속에는 각각 또 작은 지옥들이 있는데 하나나 둘인 것도 있고, 혹은 셋이나 넷인 것도 있으며, 백이나 천인 것도 있어서 그것들의 이름도 각각 다르나이다."

지장보살이 또 보현보살에게 말하시길,

"인자시여, 이는 모두 남염부제에서 악을 행한 중생의 업의 느낌으로 이렇게 되는 것인데, 업의 힘이란 심히 커서 능히 수미산을 대적하고 큰 바다보다 깊어서 능히 성도(聖道)를 장애하므로, 중생들은 설사 조그마한 악이라 하더라도 죄가 없다 하여 가벼이 하지 말아야 하오며, 죽은 후에는 털 끝만한 것이라도 과보가 있어서 어버이와 자식같이 지극히 가깝다 하여도 그 길이 각각 달라 비록 서로 같이 만나더라도 대신 받을 수 없으므로, 내가 이제 부처님의 위신력을 입어서 다음에 지옥에서 죄고 받는 일을 대략 말하오리니 바라건대 인자시여, 잠깐 이 말을 들으소서."

보현보살이 말하시길,

"나는 비록 예부터 삼악도의 죄보를 알고 있지만 인자는 말씀하소서. 후세 말법시대의 모든 죄 많은 중생들로 하여금 인자의 말씀을 듣고 불법에 귀의하게 하고자 함이나이다."

지장보살이 말하기를,

"인자시여, 지옥에서 죄업으로 받는 과보는 이러하나이다.

어떤 지옥은 죄인의 혀를 빼어 소로 하여금 갈게 하며,

어떤 지옥은 죄인의 심장을 빼어 야

차(夜叉)가 먹으며,

어떤 지옥은 죄인의 몸을 끓는 가마 솥 물에 삶으며,

어떤 지옥은 죄인에게 벌겋게 달군 구리쇠 기둥을 안게 하며,

어떤 지옥은 죄인을 맹렬한 불무더기가 쫓아다니며,

어떤 지옥은 온통 찬 얼음뿐이며,

어떤 지옥은 끝없는 똥오줌이며,

어떤 지옥은 빈틈없이 화살이 날며,

어떤 지옥은 많은 불창이 찌르며,

어떤 지옥은 가슴과 등을 치며,

어떤 지옥은 손과 발을 태우며,

어떤 지옥은 쇠 뱀이 감으며,

어떤 지옥은 무쇠 개에 쫓기며,

어떤 지옥은 무쇠 나귀에 끌리게 하나이다.

인자시여, 이러한 업보로 옥마다 각각 백천 가지의 형벌하는 기구가 있는데 그것은 모두 구리요, 쇠요, 돌이요, 불 아님이 없으며, 이 네 가지 물건은 여러 가지 업행으로 느끼는 것이오나, 만약 지옥의 고통 받는 일을 자세히 말한다면 한 지옥 가운데서도 다시 백천 가지의 고초가 있으니, 하물며 그 많은 지옥이야 말하여 무얼하겠나이까. 내가 이제 부처님의 위신력을 받들고 인자의 물으심을 받들어

대략 말씀드린 것이 이와 같사오나, 만약 자세히 설명하자면 겁이 다하도록 하여도 마치지 못하겠나이다."

제6품. 여래찬탄품
如 來 讚 歎 品

부처님이 찬탄하시다

그때에 세존께옵서는 온몸으로 대광명을 놓으사, 백천억 항하 모래와 같은 모든 불세계를 두루 비추시면서 큰 음성을 내시어 모든 불세계의 일체 모든 보살마하살 및 하늘·용·귀신과 사람과 사람 아닌 무리들에게 널리 이르시길,

"들으라, 내가 이제 지장보살마하살이 시방세계에서 가히 생각하고 생각할 수 없는 대자비의 위신력을 나투어 모든 죄고 중생을 구호하는 일에

대하여 칭찬하고 찬탄함을 들으라. 내가 멸도한 연후에 너희들 모든 보살마하살 및 하늘·용·귀신들도 널리 방편을 지어서 이 경을 지킬 것이며, 온갖 중생들로 하여금 일체 고를 여의게 하고 열반락을 느끼게 하라."

이렇게 말씀하시니, 회중에 한 보살이 있어 이름이 보광이라, 공경히 합장하며 부처님께 사뢰어 말씀하시되,

"이제 세존께옵서는 지장보살에게 불가사의한 큰 위신력이 있음을 찬탄하사오니, 세존께옵서는 미래세의 말법시대 중생을 위하여 지장보살께서 인간과 천상에 이익을 주는 인과를

말씀하시어, 모든 천룡팔부와 미래세의 중생으로 하여금 부처님의 말씀을 받들게 하옵소서."

그때 세존께옵서 보광보살과 사부대중들에게 이르시길,

"자세히 듣고 자세히 들으라. 내가 마땅히 너희들을 위하여 지장보살이 인간과 천상에 복덕으로써 이익되게 하는 일을 간단히 말하리라."

보광보살이 사뢰어 말씀하되,

"예, 세존이시여. 바라옵건대 즐거이 듣겠나이다."

부처님께옵서 보광보살에게 이르시길,

"미래의 세상에 만약 선남자 선여인이 있어서 이 지장보살마하살의 이름을 듣는 자와 혹은 합장하는 자, 찬탄하는 자와 예배하는 자, 생각하고 사모하는 자, 이러한 사람은 삼십 겁의 죄를 초월하리라.

보광보살이여!

만약 어떤 선남자 선여인이 혹은 지장보살의 형상을 그리거나, 혹은 돌·아교·칠·금·은·동·철 등으로 이 보살의 상을 조성하여 한 번이라도 우러러 예배하는 자는 백 번을 저 33천에 나서 영원히 악도에 떨어지지 아니하며, 설령 천상의 복이 다하여 인간으로 태어날지라도 오히려 국왕이 되어서 큰 이익을 얻을 것이니라.

만약 어떤 여인이 여인의 몸을 싫어함에 정성을 다하여 지장보살의 형상이나 흙이나 돌이나 구리쇠·무쇠 등으로 만든 동상에 공양하되, 날마다 열심히 하여 물러남이 없이 항상 꽃·향·음식·의복·비단·당번·돈·보물 등으로 공양하면, 이 선여인은 이 한 번으로 여자 몸의 보가 다하고는 백천만 겁에 다시 여인 있는 세계에 나지 않게 되니, 어찌 다시 여인의 몸을 받겠느냐?

다만 자비원력으로 중생을 제도하

기 위하여 스스로 받는 여자의 몸을
제외하고는, 이 지장보살을 공양한 힘
과 지장보살의 공덕의 힘을 입은 연유
로 이 사람은 백천만 겁에 다시는 여
자의 몸을 받지 않으리라.

보광보살이여,

만약 어떤 여인이 있어 추하고 병
이 많은 것을 싫어함에 지장보살의 형
상 앞에서 지극한 마음으로 우러러 예
배하기를 한 식경만이라도 한다면, 이
사람은 천만 겁 중에 받을 몸의 모양
새가 원만하며 온갖 질병이 없을 것이
며, 이 추한 여인이 만약 여자의 몸을
싫어하지 않는다면 백천만억 겁을 항

상 왕녀나 왕비가 되거나 재상이나 명문 집안의 큰 장자의 딸이 되어 단정하게 태어나고 모든 모양새가 원만하리라. 이와 같이 지장보살께 지극한 마음으로 우러러 예배하면 이와 같은 복을 얻으리라.

보광보살이여, 만약 어떤 선남자 선여인이 지장보살의 형상 앞에서 모든 음악을 지으며 노래하며 찬탄하고 향과 꽃으로 공양하고 또 이를 남에게 권하면, 이러한 무리는 현재 이 세상에서나 미래의 세상에 있어서 항상 여러 신들이 밤낮으로 수호하여서 악한 일은 전혀 귀에도 들리지 않게 하나니, 어찌 모든 횡액을 직접 받는 일이 있겠느냐.

또 보광보살이여, 미래 세상에 만약 악인이나 악신·악귀 등이 있어 어떤 선남자 선여인이 지장보살 형상에 귀의하여 공경하며 공양하고 찬탄하며 우러러 예배함을 보고, 혹 망령되게 꾸짖고 헐뜯거나 공덕이나 이익이 없다고 비방하거나 혹은 이를 들어서 비웃거나, 혹은 돌아서서 그르다 하거나 혹은 다른 사람에게 말하기를 그르다고 하거나, 혹은 여러 사람들과 같이 그르다고 하거나 하는 등 만약 한 생각만이라도 꾸짖고 훼방하는 마음을 냇다면, 이러한 사람은 현겁(賢劫)의 천불(千佛)이 멸도하신 뒤까지도 훼방한 죄보로 사뭇 아비지옥에 있으면서 매우 중한 죄보를 받을 것이며, 이 겁을 지나고 나서야 비로소 아귀보를 받게 되며, 또 천 겁을 지나고도 다시 축생보를 받게 될 것이며 또 천 겁을 지나고서 비로소 사람의 몸을 받게 되는데, 비록 사람의 몸을 받아도 빈궁하고 하천하여 이(耳)·목(目)·구(口)·비(鼻) 등 육근을 갖추지 못하고 많은 악업이 그 몸에 맺혀서 곧 또다시 악도에 떨어지게 되느니라.

그러므로 보광보살이여,

다른 사람이 공양 올리는 것을 비방하고 헐뜯기만 하여도 이러한 죄보를 받거늘, 더구나 다른 나쁜 소견을 내어서 불법을 직접 훼방하고 파괴함이야 말해 무엇하랴.

보광보살이여,

만약 미래의 세상에 어느 선남자 선여인이 오래 병상에 누워서 살려고 하여도 죽으려고 하여도 모두 마음대로 안 되고, 혹 꿈에는 악귀나 또는 집안 친족과 험악한 길을 헤매며 혹 도깨비에 홀리고 귀신과 함께 놀고 하여, 이와 같이 날이 가고 달이 가고 해가 깊어짐에 점점 몸이 야위어져 잠자다가도 괴로워 소리치며 처참하고 괴로워 하는 자는, 이것은 모두 다 업장으로 죄업의 가볍고 무거움을 정하지 못하여, 혹은 수명을 버리기도 어렵고 혹은 병이 나을 수도 없게 되니, 이것은 속된 남녀의 눈으로는 이 일을 알지 못하느니라.

이러한 때는 마땅히 모든 불·보살의 형상 앞에서 이 경을 높은 소리로 한 번 읽거나, 혹은 그 병자가 아끼는 것을 혹은 의복·보배·장원·사택 이건 간에 그걸 놓고서 병자 앞에서 분명히 말하기를,

'저희들 아무개 등은 병자를 위하

여 경전과 불상을 모신 앞에 이 모든 물건들을 올리며, 혹은 경이나 불상 앞에 공양하며, 혹은 불·보살의 형상을 조성하며, 혹은 탑이나 절을 만들며, 혹은 등을 밝히며, 혹은 상주대중에 보시하겠습니다.' 하고 이렇게 세 번 병자가 알아듣도록 하라.

만약 병자의 모든 의식이 흩어지고 숨기운이 다한 자라면 1일 내지 2일, 3일, 4일에서 7일에 이르도록 다만 높은 소리로 이 일을 말하고, 경을 읽을 지니라. 이 사람은 목숨이 다한 연후에 숙세의 허물과 무거운 죄가 오무간지옥에 떨어질 죄라도 영원히 해탈함을 얻어서 태어나는 곳마다 항상 숙명을 알게 될 것이니, 어찌 하물며 스스로 이 경을 쓰거나, 혹은 사람으로 하여금 쓰게 하거나, 혹은 스스로 보살의 형상을 조성하고 그리거나 남에게 권유하여 그렇게 하거나 한다면 그 공덕으로 반드시 큰 이익을 얻지 않으리오.

그러므로 보광보살이여, 만약 어떤 사람이 이 경을 독송하거나 한 생각만이라도 이 경을 찬탄하고 이 경을 공경하는 자를 보거든, 그대는 마땅히 백천 방편으로 이들에게 권하여서 정근하는 마음이 물러나지 않도록 한다면, 능히 현재와 미래에 백천만억의 불가사의한 공덕을 얻게 되리라.

그리고 또 보광보살이여, 만약 미래의 세상에 모든 중생들이 혹 꿈에 귀신이나 여러 가지 형태를 보되, 혹은 슬퍼하고 혹은 울며 혹은 조심하고 혹은 탄식하며 혹은 공포하는 것이 나타나면, 이는 일생이나 십생 또는 백생·천생 과거세의 부모나 형제 자매 남편이나 아내 등 권속이 악도에서 벗어나지 못하고, 어디에 구원해줄 복된 힘으로 구원을 얻을 희망이 없으므로 불가불 숙세골육에게 호소하여 방편을 지어 악도에서 벗어나기를 원하는

것이니,

　보광보살이여,

　너는 그대의 신력으로 그러한 사람들을 시켜서 모든 불·보살의 상 앞에서 지극한 마음으로 이 경을 읽게 하거나 혹은 사람을 시켜서 읽게 하되, 세 번이나 혹은 일곱 번을 읽으면 그러한 악도의 권속들이 마땅히 해탈을 얻고 몽매(夢寐) 중에는 다시는 나타나지 않으리라.

　또 보광보살이여, 만약 미래의 세상 가운데에 여러 하천한 무리들이 있어 혹은 종이 되며, 내지는 모든 자유를 잃는 자들이 숙세의 업보라는 것을 깨닫고 참회를 하고자 하거든, 지극한 마음으로 지장보살의 형상을 우러러 예배하면서 7일 동안 보살의 명호를 염하여 만 번을 채울 것이니, 이렇게 하는 사람은 지금의 보가 다한 후에는 천만 생 동안 항상 존귀한 몸으로 태어나며, 다시는 삼악도의 고통을 겪지 않으리라.

보광보살이여,

미래세의 염부제에서 바라문·찰제리·장자·거사 그밖의 모든 사람들과 성을 달리 하는 종족의 새로 태어나는 자가 남자든 여자든 간에 7일 이내에 이 불가사의한 경전을 읽어주고, 다시 보살의 이름을 만 번 불러주면, 이 어린아이가 남자거나 여자거나 간에 비록 숙세의 허물이 있어 죄보가 있더라도 문득 해탈을 얻게 되어 안락하게 잘 자랄 것이며, 수명이 증장되며 만약 그가 복을 받아 태어난 자라면, 더욱더 안락과 수명을 더하게 될 것이니라.

보광보살이여,

미래세의 중생이 매달 1일, 8일, 14일, 15일, 18일, 23일, 24일, 28일, 29일과 30일에는 모든 죄를 모아 그 가볍고 무거움을 정하나니, 대개 남염부제의 중생으로서 몸을 움직이고 마음을 쓰는 것이 업 아님이 없고 죄 아 닌 것이 없는데, 어찌 하물며 방자한 마음으로 산 목숨을 죽이거나 해롭 게 하며 도둑질하고 사음을 하며 망 언을 하는 백천 가지의 죄상이랴. 만 약 능히 십재일에 불·보살님과 모든 성현의 존상 앞에서 이 경을 한 번 읽 으면, 동서남북 백 유순 내에서는 모 든 재앙과 고난이 없으며 그가 사는 집안에 어른이나 어린이가 현재 또는 미래 백천세에 영원히 악도를 여의게 될 것이며, 매달 이 십재일에 능히 이 경을 한 편씩 읽으면 현재의 이 집안 에 모든 횡액과 질병이 없고 의식이 풍족하리라.

이러므로 보광보살이여, 마땅히 알라.

지장보살은 이와 같은 말할 수 없는 백천만억의 큰 위신력의 이익되는 일이 있음을 알며, 염부제 중생들은 모두가 이 지장보살에게 큰 인연이 있으니, 이 모든 중생들이 지장보살의 이름을 듣거나 지장보살의 형상을 보거나 또는 이 경을 석 자나 다섯 자 혹은 한 게송 한 글귀라도 듣는 자는, 현재에 특별히 안락함을 얻을 것이며 미래세 백천만 생 동안에 항상 단정한 몸으로 존귀한 가문에 태어나게 되리라."

그때에 보광보살이 부처님께서 지장보살을 칭찬하고 찬탄하심을 보고 무릎을 꿇고 합장하며 다시 부처님께 사뢰었다.

"세존이시여, 저는 오래 전부터 이 지장보살이 지닌 불가사의한 신력과 큰 서원력을 안 지 오래이오나, 미래의 중생들을 위하여 저들에게 알려서 이익을 주기 위하여 짐짓 부처님께 여쭈었나이다.

세존이시여, 이 경의 이름은 무엇이라 하오며, 저희가 어떻게 펴야 하오리까? 말씀해 주시옵소서."

부처님께서 보광보살에게 이르시길,

"보광보살이여,

이 경의 이름은 대체로 세 가지이니

하나는 지장 본원(本願)이요,

하나는 지장 본행(本行)이요,

하나는 지장 본서력경(本誓力經)이니라.

이는 지장보살이 오랜 겁으로부터 내려오면서 크고 중한 원을 세워서 중생들에게 이익을 주어왔으니, 너희들은 이 원에 의지하여 펴 나가도록 하여라."

보광보살이 부처님의 말씀을 듣고 합장 공경 예배한 다음 물러갔다.

제7품. 이익존망품
利益存亡品
죽은 사람도 산 사람도 이익 되다

그때에 지장보살마하살이 부처님께 사뢰어 말씀하되,

"세존이시여, 제가 이 염부제의 중생을 보니, 그들이 발을 옮기고 생각하는 것이 죄 아님이 없나이다.

혹 착하고 옳은 이익 됨을 만나도 흔히 처음에 낸 마음은 없어지며, 혹 나쁜 인연을 만나면 생각 생각에 점점 더 나쁜 것을 더하게 되니, 이러한 사람들은 마치 무거운 돌을 지고 진흙구덩이를 밟는 것과 같아서 자꾸 지치고 무거워져서 발이 더욱더 빠져들어 가는 것과 같나이다.

만약 선지식을 만나게 되면 그 짐을 대신 덜어서 지거나 혹은 전부 다 져다 주나니, 이 선지식은 큰 힘이 있는 연고로 다시 서로 부축하여 도와주며, 권하여 다리를 굳건하게 해주며, 만약 평지에 다다라서는 나쁜 길을 살펴서 두 번 다시 그런 곳을 지나는 일이 없도록 하나이다.

세존이시여, 악을 익히는 중생은 하찮은 것으로부터 문득 한량없는 곳까지 이르나니, 이 모든 중생이 이와 같은 습성이 있으므로 임종시에 다다라서는 남녀 권속들이 마땅히 그를 위하여 복을 베풀어서 앞길을 열어주되, 혹 번개(幡蓋 : 기)를 달고 등을 켜며, 혹 존중하여 경을 읽고, 혹 불상 및 모든 성상(聖像)에 공양하며, 내지 불·보살과 벽지불을 염하면서 그 명호를 하나하나 분명히 불러서 임종하는 사람의 귀에 들어가고 그 본식(本識)을 밝히도록 하면, 이 모든 중생의 지은 바 악업으로 반드시 악도에 떨어지게 되었더라도 이 권속들이 그를 위하여 짓는 인연공덕으로 그가 지은 갖가지 죄가 모두 소멸될 것이오며,

만약 그가 죽은 뒤, 다시 7·7일 안

에 능히 여러 가지 공덕을 지어주면 이 모든 중생으로 하여금 영원히 악도를 여의고, 인간과 천상에 태어나서 수승하고 묘한 낙을 받게 할 것이며, 현재 권속도 이익이 한량없을 것이니, 이런 고로 제가 이제 부처님을 모시고 천룡팔부와 인간과 인간 아닌 무리들을 대하여 저 염부제 중생에게 권하되, 임종하는 날에 삼가 산목숨을 죽이거나 악한 인연을 짓지 말며, 귀신과 도깨비들에게 제사하여 구하지 말라고 하나이다.

왜냐하면, 이 살생하는 일과 내지 귀신에 제사하는 일이 털끝만큼도 죽은 사람에게 이익됨이 없으며, 죄연(罪緣)만 더욱더 깊고 무겁게 짓도록 하는 것이니, 설사 내생(來生)이나 혹은 현생에 성현의 명분을 얻어서 인간과 천상에 태어나게 되었더라도 임종할 때에 권속들이 악한 일을 행하면, 이 죽은 사람에게 재앙과 화가 되어서 이 명을 마친 사람이 여러 가지의 일에 분별을 짓느라고 좋은 곳에 태어나기가 늦어지거늘, 어찌 하물며 임종하는 사람이 살아 있었을 때, 조그마한 선근도 없다면 그 스스로 지은 업에 의하여 스스로 악도에 떨어지게 될 것이니, 이에 어찌 살아 있는 권속들이 다시 업을 더하게 하겠나이까. 마치 그것은 어떤 사람이 있어 먼 길을 오는데 먹을 것은 떨어진 지 삼일째요, 짊어진 짐은 백 근이 넘거늘, 문득 이웃사람을 만나서 다시 또 작은 짐보따리를 더 얻어 받게 된 형상으로 더욱더 곤란이 가중되는 것과 같나이다.

세존이시여,

제가 보니 염부제 중생이 모든 부처님의 가르침 가운데 착한 일을 한 터럭·한 물방울·한 모래·한 티끌만큼이라도 하게 되면, 이와 같은 이익을 모두 스스로 얻나이다."

이와 같은 말씀을 할 때, 회중에 한 장자가 있으니, 이름은 대변(大辯)이라. 이 장자는 오래 전부터 무생(無生)을 얻어서 시방세계의 중생을 교화 제도하면서 장자의 몸을 나투어 합장 공경하며 지장보살에게 물어 말씀하시길,

"지장보살이여, 이 남염부제의 중생이 목숨을 마친 뒤에 그의 권속들이 망인을 위하여 공덕을 닦아주거나 재를 베풀거나 하여 여러 가지 선한 일을 하게 되면, 이 목숨을 마친 사람이 큰 이익을 얻고 해탈을 하게 되나이까?"

지장보살이 말씀하여 대답하시되,

"장자여, 내가 지금 미래·현재 일체 중생들을 위하여 부처님의 위신력을 이어서 간단히 이 일을 설하노니, 장자여 미래·현재 모든 중생들이 명을 마칠 때, 다다라서 한 부처님의 이름이거나 한 보살님의 이름이거나 한 벽지불의 이름이 귓가에 스치기만 하여도 죄가 있고 죄가 없음을 물을 것 없이 모두 다 해탈을 얻게 되리이다.

만약 어떤 선남자 선여인이 살아 있을 때에 착한 일을 하지 못하고 많은 죄를 지었더라도 명이 다한 후에 비록 대소 권속들이 일에 모든 훌륭한 공덕을 지어서 복되게 하더라도 칠분의 일은 망인이 얻게 되고 나머지 공덕은 산 사람에게 이익이 되어 돌아가나니,

이런 연고로 현재 선남자 선여인이 잘 듣고 스스로 닦으면 그 공덕의 전부를 얻을 수 있으리다.

죽음의 귀신이 기약 없이 다다르면 어둠 속을 헤매는 귀신이 되어 죄와 복을 알지 못하고 7·7일 동안 어리석고 귀머거리 같다가 모든 사직(司直)에게서 업과(業果)를 변론하여 심사 판정이 있은 뒤에야 업에 의하여 생을 받게 되나, 헤아리지 못하는 사이에 근심과 고통이 천이요 만인데, 더구나

모든 악도에 떨어짐이리요.

이 목숨을 마친 사람이 아직 다시 태어남을 얻지 못하고 7·7일 안에 있을 때, 생각 생각에 모든 골육 권속이 복을 지어 구원해 주기만을 바라다가 이 날(7·7일)이 지난 후에는 업에 따라 보를 받게 되니, 그가 만약 죄 많은 중생이라면 천·백세가 지나더라도 해탈할 날이 없을 것이며,

만약 그가 오무간 죄로 큰 지옥에 떨어지게 되면, 천 겁 만 겁토록 영원히 고통이 끊일 새가 없나이다.

또 장자여, 이와 같은 죄업 중생은 목숨을 마친 뒤에 골육 권속이 그를

위하여 재를 지내어 그의 업의 길을 도와주되, 재식을 마치기 전이나 재를 지내는 동안에 쌀뜨물·나물 잎사귀 등을 함부로 땅에 버리지 말며, 모든 음식을 부처님과 스님들께 올리기 전에는 먼저 먹지 말지니, 만약 이를 어기어 먹거나 또는 깨끗하게 힘쓰지 않으면 이 목숨을 마친 사람이 힘을 얻지 못하리라. 만일 깨끗하게 힘써서 청정함을 갖추어 부처님·스님네께 올리면, 이 목숨을 마친 사람이 그 공덕의 7분의 1을 얻으리다.

이러므로 장자여, 염부제의 중생이 능히 그 부모나 권속을 위하여 목숨이 다한 뒤에 재를 베풀어 공양하되, 지극한 마음으로 부지런히 정성껏 하면 산 사람도 죽은 사람도 모두 다 이익을 얻게 되리이다."

이 말씀을 하실 때에 도리천궁에 있던 천만억 나유타 염부제의 귀신이 다 한량없는 보리심을 발하였고, 대변 장자는 환희심으로 가르침을 받들고 예배하고 물러갔느니라.

제8품. 염라왕중찬탄품

閻 羅 王 衆 讚 歎 品

염라대왕들을 찬탄하시다

이때에 철위산 안에 한량없는 귀왕과 염라천자(閻羅天子)가 함께 도리천에 와서 부처님 계신 곳에 모이니,

이른바

악독(惡毒)귀왕 · 다악(多惡)귀왕 ·

대쟁(大爭)귀왕 · 백호(白虎)귀왕 ·

혈호(血虎)귀왕 · 적호(赤虎)귀왕 ·

산앙(散殃)귀왕 · 비신(飛身)귀왕 ·

전광(電光)귀왕 · 낭아(狼牙)귀왕 ·

천안(千眼)귀왕 · 담수(噉獸)귀왕 ·

부석(負石)귀왕 · 주모(主耗)귀왕 ·

주화(主禍)귀왕·주복(主福)귀왕·

주식(主食)귀왕·주재(主財)귀왕·

주축(主畜)귀왕·주금(主禽)귀왕·

주수(主獸)귀왕·주매(主魅)귀왕·

주산(主産)귀왕·주명(主命)귀왕·

주질(主疾)귀왕·주험(主險)귀왕·

삼목(三目)귀왕·사목(四目)귀왕·

오목(五目)귀왕·기리실(祁利失)왕·

대기리실(大祁利失)왕·기리차(祁利叉)왕·대기리차(大祁利叉)왕·아나타(阿那吒)왕·대아나타(大阿那吒)왕 등 이러한 대귀왕들이 각각 백천의 여러 귀왕과 더불어 모두 염부제에서 살고 있어서 그들은 각각 맡은 바가 있고 머

물 곳이 있으니, 이 모든 귀왕이 염라
천왕과 더불어 부처님의 위신력과 지
장보살마하살의 힘을 받들어 다 함께
도리천에 이르러 한쪽에 서 있었다.

그때에 염라천자가 꿇어앉아 합장
하고 부처님께 말씀드리기를,

"세존이시여, 저희들은 지금 여기
모인 모든 귀왕들과 더불어 부처님의
위신력과 지장보살마하살의 힘을 받
들고, 이 도리천의 큰 모임에 오게 된
것은 저희들이 좋은 이익을 얻기 때
문이온데 제가 이제 적은 의심이 되는
일이 있어 감히 세존께 묻사오니, 세
존께서는 자비로써 말씀하여 주시옵

소서."

부처님께서 염라천자에게 이르시길,

"그대는 마음대로 물으라. 너를 위하여 말하여 주리라."

이때에 염라천자가 세존을 우러러 절하고 지장보살을 돌아보고는 부처님께 사뢰었다.

"세존이시여, 제가 지장보살을 생각하건대 육도 중에 계시오면서 백천 가지 방편으로 죄고 중생을 제도하심에 피곤함도 괴로움도 모르시오며, 이 대보살께서는 이와 같은 불가사의한 신통한 힘이 있사오나, 모든 중생들은 죄보에서 잠시 벗어났다가도 오래

지 않아 또다시 악도에 떨어지고 있나
이다.

세존이시여, 이 지장보살은 이미
이와 같은 불가사의한 신력(神力)을 지
니고 계시거늘, 어찌하여 중생들은
좋은 데에 의지하여 영원한 해탈을
얻지 못하나이까? 바라옵건대 세존이
시여, 저희들을 위하여 해설하여 주
옵소서."

부처님께서 염라천자에게 이르시길,
"남염부제 중생이 그 성질이 억세
고 거칠어서 길들이기 어렵고 꺾기 어
려운 것을 이 대보살이 백천 겁에 하
나하나 구출하여서 그러한 중생들을

일찍이 해탈하게 하였느니라.

저 모든 죄인들이 큰 악도에 떨어진 자까지라도 보살이 방편의 힘으로 그 근본 업연에서 구출하여 그들로 숙세의 일을 깨닫게 하건만, 염부제 중생이 악습을 맺은 바가 중하여 나왔다가는 다시 들어가곤 하여서 이 보살을 수고롭게 하고 오랜 겁을 지내면서 제도하여야 해탈하게 되느니라.

비유하건대, 어떤 사람이 그의 본집을 잃고 잘못하여 험한 길로 들어섰는데 그 험한 길 도중에는 여러 야차와 호랑이·사자·구렁이·독사 등이 많이 있어서 이 길 잃은 사람이 이 험한 길에 들어서매 잠깐 사이에 이 모든 독한 것들을 만나게 되었을 때, 그때 많은 술법을 알고 여러 가지 사나운 독 및 야차의 독까지도 잘 풀 수 있는 선지식인이 있어서 이 험로에서 자꾸만 이 험한 길로 들어서려는 길 잃은 사람들을 만나 말하였다.

'이 딱한 사람아 어쩌자고 이런 길로 들어왔는가. 어떤 기이한 술법이라도 가지고 있어 모든 독물을 물리칠 수 있다는 말인가?'

이 길 잃은 사람은 그 말을 듣고 문득 험로에 들어선 것을 비로소 알고 곧 물러나서 여기에서 벗어나는데, 이 선지식이 그를 이끌어서 험로 속의 여러 악독한 것으로부터 벗어나게 하고 안전한 곳에 이르게 하여 편안케 한 연후에 그에게 말하기를,

'딱한 사람아, 이 다음부터는 저 길을 결코 가지 말라. 그 길로 들어가면 좀처럼 빠져나오기 어려우며, 또 목숨까지도 다치게 되느니라.'

이 말을 듣고 길 잃은 사람은 깊은 감동을 받았다. 헤어짐에 다다라 선지식인은 또 말하기를,

'만약 모든 길 가는 사람을 보거든 친지이거나 또는 아니거나 간에, 또 남자거나 여자거나 간에 저 길에는 여

러 가지 사나운 독한 것들이 많아서 목숨을 잃는다고 말하여서 그들로 하여금 죽음을 스스로 취하지 않도록 하라.'고 한 것과 같느니라.

이러한 까닭에 지장보살은 대자비를 갖추고 죄고 중생을 구출하여 천상이나 인간에 태어나게 하여서 훌륭한 낙을 받도록 해주며, 이 모든 죄고 중생들이 업도의 괴로움을 알아 악도에서 벗어나 영원히 다시는 그 길에 들어서지 않게 하나니, 이것은 저 길을 잃은 사람이 험한 길로 잘못 들어갔을 때에 선지식인을 만나 이끌려 나오게 되어 다시는 영원히 그런 곳에 빠져들지 않는 것과 같고, 그가 다시 다른 사람에게 들어가지 말도록 권한다면 자연히 이로 인하여 어리석음으로부터 벗어나 해탈을 얻게 되고, 다시는 악도에 들어가지 않는 것과 같느니라.

만약 두 번 다시 그 길을 밟는다면 아직도 미혹한 가운데에 있는 것이라, 일찍이 예전에 빠졌던 험한 길을 깨닫지 못하고서 목숨을 잃기도 하는 것처럼 저 악도에 떨어진 중생을 지장보살이 방편의 힘으로 구해내어서 인간이나 천상에 태어나게 하나 저들은 다시 돌고 돌아 또 악도에 들어가나니, 그와 같이 만약 업이 중하면 길이 지옥에 빠지게 되어 해탈할 때가 없느니라."

그때 악독귀왕이 합장 공경하고 부처님께 사뢰었다.

"세존이시여, 저희들 여러 귀왕들은 그 수효가 한량없나이다. 염부제에 있으면서 혹은 사람에게 이익을 주기도 하고 혹은 사람에게 손해를 주기도 하는 것이 각각 서로 같지가 않으오니, 이것은 저희들의 업보이옵니다.

제가 권속들로 하여금 여러 세계를 돌아다니게 하여 보니, 악한 것이 많고 선한 것은 적습니다. 사람의 가정이나 혹은 성읍·취락·장원·방사

(房舍)를 지나다가, 혹 어떤 남자나 여인이 터럭만큼이라도 착한 일을 하거나, 삼보를 공양하는 일산 하나를 달든지 자그마한 향이나 꽃을 가지고 불·보살의 존상 앞에 공양하거나 혹은 존중한 경전을 독송하거나 향을 사루어 부처님 법문의 한 구절이나 한 게송이라도 공양하면 저희들 귀왕이 이 사람에게 경례하되, 저 과거·현재·미래의 모든 부처님과 같이 하며, 각각 큰 힘이 있고 토지를 맡은 모든 작은 귀신들로 하여금 다시 호위하게 하여서 사나운 횡액·사나운 병·뜻과 같지 않은 일들이 이 사람의 집 근

처에서는 일어나지 않게 하겠사오니, 더구나 그런 것이 그 집안으로 들어가게 하겠나이까?"

부처님께서 귀왕을 칭찬하시기를,

"착하고 착하다. 너희들과 염라천자가 더불어 이와 같이 능히 선남자 선여인을 옹호하니, 내 또한 범왕과 제석에게 일러서 너희들을 지키고 돕게 하리라."

이 말씀을 하실 때, 회중에 한 귀왕이 있어서 이름이 주명(主命)인데 부처님께 말씀드리기를,

"세존이시여, 저는 본래 업연이 염부제 사람들의 수명을 관장하고 있사

온데, 저들의 날 때와 죽을 때를 제가 모두 맡아서 하오며, 저 본래의 원에 있어서는 크게 중생을 이익 되게 하려는 것이오나, 중생들은 제 뜻을 알지 못하고 나고 죽음에 모두 편안함을 얻지 못하나이다.

왜냐하면, 이 염부제 사람들이 처음 태어났을 때 남자거나 여자거나 간에 나기 전에 착한 일을 하게 되면, 집안에 이익이 더하고 토지신도 한없이 기뻐하면서 아기와 어머니를 옹호하여 큰 안락을 얻게 하고 권속도 이롭게 하나이다.

그러므로 이미 아이를 낳은 뒤에는

삼가 살생을 말아야 할 것이온데, 여러 가지 비린 것들을 가져다가 산모에게 먹이며, 또한 많은 권속들이 모여 술 마시고 고기를 먹으며 노래를 부르고 풍악을 울리고 즐긴다면, 모자가 함께 편안하고 즐거움을 얻지 못하게 되는 것이나이다.

왜냐하면 아이를 낳을 때, 무수한 악한 귀신과 도깨비들이 비린내 나는 피를 먹고자 하옵거늘, 제가 미리 사택(舍宅) 토지의 신들로 하여금 산모와 아기를 보호하여서 편안케 해주나이다.

그런데 사람들이 안락함을 얻었으

면 마땅히 착한 일을 하여서 여러 토지신들에게 보답하여야 하옵거늘, 도리어 산목숨을 죽여서 잔치를 베풀곤 하니, 이는 스스로 재앙을 불러서 받는 일이라, 산모와 아기가 함께 손상을 하는 것이나이다.

그리고 또 염부제 사람들이 목숨을 마치게 되면 그 사람의 선악을 묻지 않고 그들을 모두 악도에 떨어지지 않도록 하나이다. 그런데 더구나 스스로 선근을 닦는다면 저의 힘을 더해 주는 것이 되오니 어떠하리까.

그러나 이 염부제에서 선을 행한 사람들도 임종할 때에는 역시 백천이나 되는 악도에 빠진 귀신들이 부모나 모든 권속의 형상으로 변하여 나타나 망인을 이끌어 악도에 빠지게 하거늘, 어찌 하물며 본래부터 악을 지은 자들은 말해 무엇하오리까.

세존이시여, 이와 같은 염부제의 남자와 여자들은 임종할 때에 신식(神識)이 혼미하여 선악을 분간하지 못하며, 눈과 귀로는 아무것도 보거나 듣는 것이 없는데, 만약 그의 모든 권속들이 마땅히 큰 공양을 베풀고 존중한 경을 읽으며 불·보살의 명호를 염하면, 이러한 좋은 인연이 능히 망인으로 하여금 모든 악도를 여의게 하고 모든 마군과 귀신들이 흩어져 사라지게 되나이다.

세존이시여, 일체 중생이 임종할 때에 만약 한 부처님의 명호나 한 보살의 명호만 들어도, 혹은 대승경전의 한 구절 한 게송이라도 듣는다면, 제가 이러한 사람들을 살펴 오무간지옥에 떨어질 살생의 죄만 아니라면 소소한 악업으로 인하여 악도에 떨어질 자들을 모두 다 해탈을 얻게 하겠나이다."

부처님께서 주명귀왕에게 말씀하시기를,

"네가 대자비로 능히 큰 원을 세우

고 생사계 중에서 모든 중생을 보호하는구나. 미래세에도 남녀 중생이 나고 죽고 할 때, 네가 결단코 이 원력에서 물러서지 말고 모두 해탈하게 하여서 안락함을 얻도록 하라."

귀왕이 부처님께 말씀드리기를,

"바라옵건대 세존이시여, 염려하지 마옵소서. 제가 이 몸이 다할 때까지 생각 생각에 염부제의 중생들을 옹호하여서 날 때나 죽을 때나 모두 안락함을 얻도록 하며, 다만 모든 중생이 나고 죽을 때에 저의 말을 믿고 받아들여서, 모두 해탈하여 큰 이익을 얻는 것이 원이옵니다."

그때 부처님께서 지장보살에게 말씀하시기를,

"이 수명을 맡은 대귀왕은 이미 과거 백천생 동안을 지나오면서 대귀왕이 되어서 나고 죽는 가운데서 중생을 옹호하고 있나니, 이 대귀왕의 자비원력인 까닭에 현재 대귀왕의 몸을 나투었어도 실로 귀신이 아니니라.

앞으로 일백칠십 겁을 지나서 주명대귀왕은 마땅히 성불할 것이니, 그때 불명호는 무상(無相)여래이고 겁의 이름은 안락이며, 세계의 이름은 정주(淨住)이고 그 부처님의 수명은 가히 헤아릴 수 없는 겁이 되리라.

지장보살이여. 이 대귀왕의 일이 이와 같이 불가사의하여서 그가 제도하는 천상 사람과 세간 사람도 또 그 수가 한량없느니라."

제9품. 칭불명호품
稱佛名號品
부처님 명호를 부르면

그때에 지장보살마하살께서 부처님께 사뢰어 여쭈옵되,

"세존이시여, 제가 지금 미래세의 중생들을 위하여 이익이 되는 일을 말하여 생사 중에서 큰 이익이 되도록 할까 하오니, 원컨대 세존께서는 허락하여 주옵소서."

부처님께서 지장보살에게 이르시길,

"네가 지금 자비심을 일으켜서 일체 죄고 육도 중생을 제도하고자 하여 불가사의한 일을 말하려 하니, 지금이 바로 그때라, 마땅히 속히 설하여라. 나는 곧 열반하리니 그대의 원을 일찍이 마치게 된다면, 나도 또한 현재와 미래의 일체 중생에게 근심이 없으리라."

지장보살이 부처님께 말씀드리기를, "세존이시여, 과거 무량 아승지겁에 부처님이 계셔서 세상에 출현하시니, 호는 무변신(無邊身)여래이십니다. 만약 어떤 남자나 여인이 이 부처님 명호를 듣고 잠깐이라도 공경심을 내게 되면, 곧 사십 겁 동안에 생사계의 중죄를 초월하게 되옵거늘, 하물며 부처님 형상을 조성하고 탱화를 모시어 공양하고 찬탄한다면 그 사람이 얻는 복이 어찌 무량무변하지 않겠나이까.

또 과거 항하사 겁에 부처님이 세상에 출현하셨으니 명호는 보승(寶勝) 여래이십니다. 만약 어떤 남자나 여인이 이 부처님의 이름을 듣고, 한 번 손가락을 튕길 동안이라도 발심하여 귀의하면, 이 사람은 무상도에서 길이 퇴전치 아니하리다.

또 저 과거 부처님이 계셔서 세상에 출현하시니 명호는 파두마승(波頭摩勝) 여래이십니다. 만약 어떤 남자나 여인이 이 부처님의 명호를 듣되 귀를 거치기만 하여도 이 사람이 마땅히 천 번을 육욕천 가운데에 태어나거늘, 하물며 지극한 마음으로 염불을 모심이오리까?

또 저 과거, 말로는 이루 다할 수 없는 겁에 부처님이 세상에 출현하시니, 명호는 사자후(獅子喉)여래이십니다. 만약 어떤 남자나 여인이 이 부처님의 명호를 듣고 일념으로 귀의하면, 이 사람은 한량없는 모든 부처님을 만나 마정수기를 받나이다.

또 과거에 부처님이 계셔서 세상에 출현하시니, 명호는 구류손(拘留孫)불이십니다. 만약 어떤 남자나 여인이 이 부처님의 명호를 듣고 지극한 마음으로 우러러 절하거나 또 찬탄하거나 하면, 이 사람은 저 현겁 천불 회중에서 대법왕이 되어서 높은 수기를 받나이다.

또 과거에 부처님이 세상에 출현하시니, 명호는 비바시(毘婆尸)불이십니다. 만약 어떤 남자나 여인이 이 부처님의 명호를 들으면, 영원히 악도에 떨어지지 않고 항상 인간이나 천상에 나서 승묘한 낙을 받나이다.

또 과거 무량무수 항하사 겁에 부처님이 계셔서 세상에 출현하시니, 호는 다보(多寶)여래이십니다. 만약 어떤 남자나 여인이 이 부처님의 이름을 들으면, 필경 악도에 떨어지지 않고, 항상 천상에 있으면서 승묘한 낙을 받나이다.

또 과거에 부처님이 세상에 출현하시니, 명호는 보상(寶相)여래이십니다. 만약 어떤 남자나 여인이거나 간에 이 부처님의 명호를 듣고 공경심을 내면, 이 사람은 오래지 않아서 아라한의 과보를 얻나이다.

또 과거 무량 아승지겁에 부처님이 이 세상에 출현하시니, 명호는 가사당(袈裟幢)여래이십니다. 만약 어떤 남자나 여인이 이 부처님의 명호를 들으

면, 일백천 겁의 생사계의 죄를 초월
하나이다.

또 과거에 부처님이 세상에 출현하
시니, 명호는 대통산왕(大通山王)여래
이십니다. 만약 어떤 남자나 여인이
이 부처님의 명호를 들으면, 이 사람
은 항하사 부처님의 설법하심을 만나
서 반드시 보리를 이루오리다.

또 과거에 정월불(淨月佛)·산왕불
(山王佛)·지승불(智勝佛)·정명왕불(淨
名王佛)·지성취불(智成就佛)·무상불
(無相佛)·묘성불(妙聲佛)·만월불(滿月
佛)·월면불(月面佛) 등 이러한 말할 수
없는 부처님이 계셨나이다.

세존이시여, 현재나 미래에 일체 중생이 하늘사람 또는 사람이거나, 혹은 남자나 여인이거나 간에 단 한 분의 부처님의 명호를 생각하여도 그 공덕이 한량없거늘, 하물며 많은 부처님의 명호를 염하는 것이오리까.

이 중생들은 살았을 때나 죽었을 때나 스스로 큰 이익을 얻어 마침내는 악도에 떨어지지 아니하옵니다.

만약 목숨을 마치는 사람이 있어서 그의 집안 권속들 중 한 사람만이라도 이 사람을 위하여 큰 소리로 한 부처님 명호만 염하여도 명을 마치는 사람은 오무간의 대죄를 제하고 나머지 업보는 모두 다 소멸되오며, 오무간의 대죄가 비록 극중한 것이어서 억겁을 지나도록 나올 수 없는 것이지만, 권속 중 한 사람이 목숨을 마치는 사람을 위하여서 부처님의 명호를 생각하고 부른다면, 이러한 중죄가 점점 소멸되거늘, 어찌 하물며 중생이 스스로 부르고 생각함이리까. 한량없는 죄가 소멸되고 한량없는 복을 얻나이다."

지장보살본원경 하권

제10품. 교량보시공덕품
校量布施功德品

보시한 공덕을 비교하다

그때에 지장보살마하살이 부처님의 위신력을 받들어 자리에서 일어나 무릎을 꿇고 합장하고 부처님께 말씀 드리기를,

"세존이시여, 제가 업도 중생의 보시 공덕을 헤아려 보건대, 혹 가벼운 자도 있으며, 혹 중한 자도 있어서 어떤 이는 일생 동안 복을 누리는 이도 있고, 십 생 동안 복을 누리는 이도 있

고, 백천 생에 큰 복을 받는 이도 있으니, 이 일은 어떠한 까닭이옵니까? 바라옵건대 세존이시여, 저를 위하여 말씀하여 주옵소서."

그때에 부처님께서 이르시기를,

"내가 지금 이 도리천궁의 일체 대중이 모인 이 모임에서 염부제에서 보시한 공덕의 가볍고 중한 것을 헤아려 말하노니 너는 마땅히 자세히 들어라. 내가 너를 위하여 말하리라."

지장보살이 부처님께 말씀드리기를,

"저는 이 일에 대하여 궁금하오니 기꺼이 듣고자 하나이다."

부처님께서 지장보살에게 이르시

기를,

"남염부제의 여러 국왕이나 재상 또는 대신이나 큰 장자나, 큰 찰제리나 대바라문 등이 있어서 매우 빈궁한 자를 만나거나 곱추 또는 벙어리나 귀머거리나 소경 등 이러한 갖가지 불구자들을 만나 이 대국왕 등이 보시하고자 할 때,

만약 능히 대자비심을 갖추어 겸손한 마음으로 웃음을 지니며 손수 널리 보시하거나 혹은 사람을 시켜서 하더라도 부드러운 말로 위로하면, 이 국왕 등이 얻는 복리는 백 항하사의 부처님께 보시한 공덕과 같으니라. 왜냐

하면 이는 높고 귀한 자리에 있는 이들이 가장 빈천한 무리 또는 흉한 불구자에게 큰 자비심을 발한 연고라. 이들이 얻는 복리는 백천 생 동안 항상 칠보가 구족할 것인데 어찌 하물며 의식 부족이 있겠느냐.

또 지장보살이여,

만약 미래세의 모든 국왕이나 바라문 등이 부처님의 탑이나 절이나 혹은 부처님의 형상이나 보살·성문·벽지불 등의 존상을 보아서 스스로 공양과 보시를 하게 되면, 이 국왕 등은 삼 겁 동안 제석천왕의 몸이 되어서 승묘한 낙을 받을 것이며, 만약 능히 이 보시한 복리를 법계에 회향하면 이 대국왕 등이 십 겁 동안 항상 대범천왕이 되리라.

또는 지장보살이여,

만약 미래세의 모든 국왕이나 바라문 등이 옛 부처님의 탑묘(塔廟)와 경전이나 존상이 허물어지고 파괴된 것을 만나 이를 보고 이 국왕 등이 발심하여 보수하되, 혹 힘들여 스스로 하거나 혹은 타인에게 권하며 백천 인 등에게 보시 인연을 맺어주면, 이 국왕 등은 백천 생 동안 항상 전륜성왕의 몸이 될 것이고, 같이 보시한 다른 사람들도 백천 생 동안 항상 작은 나라의 왕이 될 것이며, 다시 능히 탑묘 앞에서 회향심을 내게 되면, 이러한 국왕 및 그 모든 다른 사람들은 다 불도를 이루니, 이 과보는 한량없고 가이 없느니라.

또 지장보살이여,

미래세에 모든 국왕과 바라문 등이 모두 늙고 병든 이나 해산하는 여인을 보고, 만약 한 생각 동안이라도 큰 자비심을 갖추고 의약·음식·와구(臥具) 등을 보시하여 안락하게 하여주면, 이러한 복리는 가장 커서 가히 생각할 수 없느니라.

일백 겁 중에 항상 정거천주(淨居天

主)가 될 것이며, 이백 겁 동안은 항상 육욕천주(六欲天主)가 될 것이며, 영원히 악도에 떨어지지 않고 백천 생 동안 귀로 괴로운 소리도 듣지 않을 것이며, 필경에는 부처를 이루느니라.

또 지장보살이여,

만약 미래세에 모든 국왕과 바라문 등이 능히 이와 같은 보시를 하면 한량없는 복을 얻고 다시 능히 회향하며, 많고 적고를 묻지 아니하고 필경 성불할 것이니, 어찌 하물며 제석이나 범천이나 전륜왕의 과보를 받겠느냐?

그러므로 지장보살이여,

그대는 널리 중생들에게 권하여 마땅히 이렇게 배우도록 하라.

또 지장보살이여,

미래세에 만약 선남자 선여인이 있어 부처님의 존상이나 보살·벽지불·전륜성왕의 형상을 만나서 보시 공양하면, 한량없는 복을 얻을 것이며, 항상 인간이나 하늘에 태어나서 승묘한 낙을 받을 것이며, 만약 능히 법계에 회향한다면 이 사람의 복리는 가히 비유할 수 없느니라.

또 지장보살이여,

만약 미래세에 선남자 선여인이 대승경전을 만나서 혹 한 게송이나 한 구절을 듣고 소중한 마음을 내어서 찬탄 공경하고 보시 공양한다면, 이 사람은 한량없고 끝이 없는 큰 복을 얻을 것이며, 만약 능히 법계에 회향하면 그 복은 비유할 수 없느니라.

또 지장보살이여,

만약 미래세에 선남자 선여인이 탑이나 사원이나 대승경전을 만나서 새 것이면 보시하고 공양하며, 우러러보고 예배하고 찬탄 공경 합장할 것이며, 오래되어서 혹 헐고 무너진 것이라면 보수하고 관리하되, 혹 홀로 마음을 내어서 하거나 혹은 타인에게 권하여 모두 함께 마음을 내서 하거나 한다면, 이와 같은 사람들은 삼십 생 동안 항상 작은 나라의 왕이 될 것이며, 단월(檀越)인 사람은 항상 전륜왕이 되어 선법(善法)으로 여러 작은 나라의 왕들을 교화하리라.

또 지장보살이여,

만약 미래세에 선남자 선여인이 불법 가운데 심는 바 선근을 혹 보시 공양하고 혹은 탑이나 사원을 보수하고 혹은 경전을 장정(裝幀)하여 관리하되, 한 털끝·한 먼지·한 모래알·한 물방울만한 것이더라도 이러한 착한 일을 능히 법계에 회향하면, 이 공덕으로 백천 생 동안 상묘(上妙)한 낙을 받게 되며, 혹은 다만 자기 집안 권속에게만 회향하거나 자신의 이익에만 회향한다면, 이와 같은 과보는 곧 삼 생 동안만 낙을 누리게 되나니, 이는 만에서 하나만을 얻는 것이 되리라.

지장보살보살이여,

보시의 인연공덕은 그 일이 이와 같으니라."

제11품. 지신호법품
地神護法品

지신이 법을 옹호하다

그때에 견뢰지신이 부처님께 사뢰어 말씀하시되,

"세존이시여, 제가 예부터 한량없는 보살마하살을 우러러 뵈옵고 예배하온 바, 모두 크게 불가사의한 신통과 지혜로써 널리 중생을 제도하시지만, 이 지장보살마하살은 모든 보살들보다도 서원이 매우 깊나이다.

세존이시여, 이 지장보살마하살이 저 염부제에 큰 인연이 있으니, 저 문수·보현·관음·미륵보살 또한 백천으로 형상을 나투어 저 육도의 중생을 제도하시되, 오히려 끝이 있사온대, 지장보살마하살은 육도의 일체 중생을 교화하시니, 서원을 세운 겁수는 천백억 항하의 모래 수와 같나이다.

세존이시여, 제가 생각하오니, 미래 및 현재의 중생이 살고 있는 곳에서 남쪽으로 정결한 땅에 흙·돌·대·나무로써 집을 만들고 거기에 지장보살의 형상을 그리거나, 또는 금·은·동·철 등으로 지장보살의 형상을 조성하여 모시고 향을 사르고 공양하며 우러러 예배하고 찬탄한다면, 이 사람

은 사는 곳에서 곧 열 가지의 이익을
얻게 되나이다.

어떠한 것이 그 열 가지인가 하오면,

1. 토지가 풍년이 들 것이며,
2. 가택이 길이 편안하오며,
3. 조상들이나 죽은 권속이 천상에
   나며,
4. 살아 있는 가족들의 수명이 늘며,
5. 구하는 바가 뜻대로 이루어지며,
6. 물·불로 인한 재앙이 없으며,
7. 헛되이 소모하는 일이 없으며,
8. 나쁜 꿈이 없어지며,
9. 출입할 때 신장들이 보호하며,
10. 성스러운 인연을 많이 만나게

되나이다.

세존이시여, 미래세나 현세의 중생이 만약 능히 거주하는 적당한 장소에서도 이와 같은 공양을 올리면, 또한 이와 같은 이익을 얻게 되나이다."

견뇌지신이 다시 부처님께 사뢰어 말씀드리되,

"세존이시여, 미래세 중에 만약 어떤 선남자 선여인이 거주하는 곳에서 이 경전과 보살의 형상을 보고, 이 사람이 다시 이 경전을 독송하며 보살을 공양하면, 제가 항상 밤낮으로 근본 신력으로 이 사람을 보호하여서 물·불 또는 도적이며 크고 작은 횡액이며 나쁜 일들을 모두 다 소멸케 하오리다."

부처님께서 지신에게 이르시길,

"견뇌여, 너의 큰 신력은 모든 신들이 미치지 못하노라. 왜냐하면 염부제의 토지가 모두 그대의 지킴을 힘입고 있어서 초목이나 모래와 돌, 뼈와 살, 대와 갈대, 곡식과 쌀 등 보배까지 땅으로 인하여 있는 것이며, 이 모두는 다 너의 힘을 입기 때문이니라. 그리고 또 지장보살의 이익에 대하여 그렇게 찬탄하니, 그대의 공덕과 신통은 저 보통의 지신들보다 백천 배가 되나니라.

만약 미래세 중에 선남자 선여인이 있어서 보살에게 공양하고 이 경을 독송하되, 다만 《지장보살본원경》에 의하여 단 한 가지 일만이라도 행하는 자가 있다면, 너는 마땅히 근본 신력으로 그를 옹호하여서 온갖 재해와 뜻대로 되지 않는 일이 귀에 들리지도 못하게 할 것이니, 어찌 하물며 그로 하여금 받게 함이 있겠는가.

다만 너 혼자만이 이 사람을 옹호하는 것이 아니라, 또한 제석과 범천의 권속들이 다 이 사람을 옹호하거늘, 어찌하여 이러한 성현들의 옹호를 받는 것인가.

이는 다 지장보살의 형상에 예경하
고, 이《지장보살본원경》을 독송한
때문이며 자연히 끝내는 모든 고해를
벗어나 열반락을 얻게 되므로 큰 옹호
를 받는 것이니라."

제12품. 견문이익품
見 聞 利 益 品

보고 들어 얻는 이익

그때에 세존께옵서 정수리 위로부터 백천만억의 큰 호상광(豪相光)을 놓으시니, 이른바

백호상광(白毫相光)이며,

대백호상광(大白毫相光)이며,

서호상광(瑞毫相光)이며,

대서호상광(大瑞毫相光)이며,

옥호상광(玉毫相光)이며,

대옥호상광(大玉毫相光)이며,

자호상광(紫毫相光)이며,

대자호상광(大紫毫相光)이며,

청호상광(靑毫相光)이며,

대청호상광(大靑毫相光)이며,

벽호상광(碧毫相光)이며,

대벽호상광(大碧毫相光)이며,

홍호상광(紅毫相光)이며,

대홍호상광(大紅毫相光)이며,

녹호상광(綠毫相光)이며,

대녹호상광(大綠毫相光)이며,

금호상광(金毫相光)이며,

대금호상광(大金毫相光)이며,

경운호상광(慶雲毫相光)이며,

대경운호상광(大慶雲毫相光)이며,

천륜호광(千輪毫光)이며,

대천륜호광(大千輪毫光)이며,

보륜호광(寶輪毫光)이며,

대보륜호광(大寶輪毫光)이며,

일륜호광(日輪毫光)이며,

대일륜호광(大日輪毫光)이며,

월륜호광(月輪毫光)이며,

대월륜호광(大月輪毫光)이며,

궁전호광(宮殿毫光)이며,

대궁전호광(大宮殿毫光)이며,

해운호광(海雲毫光)이며,

대해운호광(大海雲毫光)이니,

세존께서는 이러한 호상광을 놓으시고 나서, 미묘한 음성으로 여러 대중과 천룡팔부 인비인 등에게 이르시되,

"여래가 금일 도리천궁에서 지장보살이 저 인간과 천상을 이익되게 하는 일과 불가사의한 일과 성스러운 인연의 길을 초월한 일과 십지(十地)를 얻은 일이며, 끝내는 아뇩다라삼먁삼보리에서 물러서지 않는 일을 높이높이 찬탄함이니라."

이 말씀을 하실 때, 회중에 한 보살마하살이 계시니 명호가 관세음보살이시라. 자리에서 일어나서 꿇어앉아 합장하고 부처님께 사뢰어 말씀하시되,

"세존이시여, 이 지장보살마하살이 대자비를 갖추시고 죄고 중생을 불쌍히 여기셔서 천만억 세계에 천만억의

몸을 나타내시고 있는 바, 그 공덕 및 불가사의한 위신력을 저는 이미 들었나이다.

세존께서는 시방의 한량없는 여러 부처님과 더불어 이구동성으로 지장보살을 찬탄하시며 이르시길, 바로 과거와 현재와 미래의 모든 부처님께서 그 공덕을 말씀하셔도 오히려 다 못한다 하시었고, 또한 지난 번에도 세존께서 대중에게 말씀하시기를,

지장보살이 갖춘 공덕 등에 대하여 높이높이 찬탄을 아끼지 않으셨음을 보이시었나이다.

세존이시여, 바라옵건대 현재와 미

래의 일체 중생을 위하시어 지장보살의 불가사의한 일을 말씀하셔서 천룡팔부들로 하여금 우러러 예배하고 복을 얻도록 하시옵소서."

부처님께서 관세음보살에게 이르시길,

"그대는 사바세계에 큰 인연이 있어서 혹 하늘이나, 혹 용이나, 남자거나, 여자거나, 신(神)이거나, 귀(鬼)이거나, 또는 육도의 죄고 중생까지도 너의 이름을 듣거나, 너의 형상을 보거나, 너를 생각하고 따르는 자나, 또는 너를 찬탄하는 이러한 여러 중생들은 모두 위없이 높은 도에서 반드시 물러서지 않고 항상 인간이나 천상에 태어나서 묘락(妙樂)을 갖추어 누리며, 인과가 장차 성숙함을 기다려서 부처님의 수기를 받게 하고 있는 바, 그대가 이제 대자비로 중생들과 천룡팔부들을 가엾이 여기고 내게서 지장보살의 불가사의한 이익에 대한 말을 듣고자 하니 그대는 마땅히 잘 들으라. 내가 이제 말하리라."

관세음보살이 말씀드리기를,

"그러하옵니다. 세존이시여, 듣고자 하옵나이다."

부처님께서 관세음보살에게 말씀하시기를,

"미래와 현재의 모든 세계 가운데에 천상 인간이 천상 복이 다하여 다섯 가지 쇠퇴하는 모양을 나타내거나, 혹은 악도에 떨어지게 되었을 때와 이와 같은 천인의 남녀가 그러한 형상을 나타내는 것을 보거든, 혹 지장보살의 형상을 뵈옵거나, 혹 지장보살의 명호를 듣고 한 번 우러러보고 한 번 절하면 이 여러 천상 인간은 천상 복이 더하여 큰 쾌락을 받게 되어 길이 삼악도에 떨어지지 않게 되느니라.

그러하거늘, 어찌 하물며 지장보살 형상을 뵈옵거나 그 명호를 듣고 여러 가지 향이나, 꽃이나, 의복이나, 음식이나, 보배나, 영락을 가져 보시하고 공양함이랴. 이 사람이 얻는 바 공덕과 복리는 한량없고 가이없느니라.

관세음보살이여,

만약 현재·미래의 모든 세계 중에 육도 중생이 명을 마침에 이르렀을 때, 지장보살의 명호를 들려주어서 한 소리라도 귓가에 지나가게 하여도 이 모든 중생이 길이 삼악도의 고초를 겪지 않으리니, 어찌 하물며 목숨을 마칠 때에 부모 권속들이 이 목숨을 마치는 사람의 집과 재물과 보배와 의복 등을 가져서 지장보살의 형상을 조성하거나 탱화를 그리거나, 혹은 병든 사람으로 하여금 아직 숨이 넘어가지 않았을 때, 지장보살의 형상을 눈으로 보고 귀로 듣게 하거나 도를 아는 권속들이 집과 보배 등을 가져서 그 자신을 위하여 지장보살 형상을 조성하거나 탱화를 그리게 하여 이 사람에게 이를 알리어서 그가 직접 눈으로 보고 귀로 듣게 하면, 그 사람이 업보로 중병을 받는 것이 당연하다 하여도 이 공덕을 받아서 병이 나아 수명이 더 길어지나니, 이 사람이 만약 이 업보로 명이 다하여 그 동안의 모든 죄업장으로 마땅히 악도에 떨어질지라도 이 공덕에 의하여서 죽은 뒤에 모

든 죄업장이 다 소멸되고, 곧 인간이
나 천상에 태어나게 되어 승묘(勝妙)한
낙을 받으리라.

관세음보살이여,

만약 미래세에 어느 남자나 여인이
혹 젖 먹을 때나, 혹 세 살, 다섯 살 때
와 열 살 이하에 부모를 잃거나, 또는
형제 자매와 이별하고 이 사람이 이미
장성하여서 그 부모와 권속을 생각하
되 어떤 악도에 떨어졌을까, 또는 어
느 세계에 태어났을까, 또는 어느 하
늘에 태어났는가 몰라 할 때,

만약 이 사람이 능히 지장보살의 형
상을 조성하고 그리거나 내지 명호를

듣고 한 번 보고 한 번 절하기를 하루에서 7일이 되도록 처음에 낸 마음이 물러나지 않고 명호를 부르고 형상을 우러러보고 예배하며 공양한다면, 이 사람 권속들은 그들이 지은 업으로 악도에 떨어져서 마땅히 여러 겁을 지냈다할지라도, 이 자녀나 형제 자매가 지장보살에게 정성을 바친 공덕으로 해탈을 얻어서 인간이나 하늘에 태어나서 승묘한 낙을 얻을 것이니라.

그리고 만약 이미 복된 힘이 있어서 인간이나 하늘에 태어나서 승묘한 낙을 누리는 자라면, 이 공덕으로 더욱 더 성스러운 인연이 더하고 한량없는 낙을 받을 것이니라.

다시 능히 3·7일 동안 일심으로 지장보살의 형상에 우러러 절하면서 그 명호를 염하여서 만 번을 채우면, 보살께서 무변신을 나타내어 이 사람에게 그 권속이 태어난 곳을 알리고, 혹은 꿈에 보살이 대신통력을 나타내어서 친히 이 사람으로 하여금 거느리고 모든 세계에서 여러 권속을 보여줄 것이니라.

그리고 또 매일 보살의 명호를 천 번씩 염하여 천 일에 이르게 되면, 이 사람은 마땅히 종신토록 보살이 그가 있는 곳의 토지신을 시켜 호위하며,

현세에 의식이 풍족하고 여러 질병이나 고통을 없이 하며, 또는 횡액되는 일이 그 문 안에 들어오지 못하거늘, 어찌 하물며 그 사람의 몸에 미치겠느냐, 이 사람은 끝내는 보살의 마정수기(摩頂授記)를 얻으리라.

관세음보살이여,

만약 미래세에 선남자 선여인이 있어 넓고 크나큰 자비심을 내어서 일체 중생을 제도하고자 하는 사람이나, 위없이 드높은 보리를 닦고자 하는 사람이나, 삼계를 벗어나고자 하는 이러한 여러 사람들이 지장보살의 형상을 보거나 그 명호를 듣고 지극한 마음으

로 귀의하되, 혹은 향·꽃·의복·보
배·음식 등으로 공양하고 우러러 예
배한다면, 이 선남자 선여인의 원하는
바가 속히 성취되어 영원히 장애가 없
으리라.

관세음보살이여,

만약 미래세에 선남자 선여인이 현
재와 미래세에서 백천만억의 여러 가
지 소원과 백천만억의 여러 가지 일들
을 이루고자 하거든, 다만 지장보살의
형상 앞에서 귀의하고 우러러 예배하
며 공양하고 찬탄하면, 이와 같은 소
원이나 구하는 바가 모두 다 이루어질
것이며, 지장보살이 대자비심으로 길

이 나를 옹호하여 주기를 원한다면, 이 사람은 꿈속에서 지장보살의 마정 수기를 곧 받을 것이니라.

관세음보살이여,

만약 미래세에 선남자 선여인이 대 승경전에 깊고 귀하게 존중하는 마음 을 내고 불가사의한 마음을 내어서 읽 고 외우고자 하여, 설사 밝은 스승을 만나서 이 가르침을 익숙하게 받아도 금방 읽은 것을 금방 잊어서 해와 달 이 흘러도 능히 독송할 수 없는 것은, 이 선남자 선여인들이 숙세의 업장이 아직도 소멸되지 아니한 연고로 대승 경전을 독송하는 성품이 없는 것이니라.

이러한 사람은 지장보살의 명호를 들으며, 지장보살의 형상을 보고 지극한 마음으로 공경스럽게 그 사실을 사뢰며, 다시 향·꽃·의복·음식 그 밖에 여러 가지 와구 등으로 보살께 공양 올리고, 또한 깨끗한 물 한 그릇을 지장보살 존상 앞에 올려서 하루 낮, 하룻밤을 지내고 난 뒤에 합장하고, 마실 것을 청하고 나서 머리를 돌려서 남쪽으로 향하고, 입을 댈 때 지극히 정성스런 마음으로 마셔야 하느니라.

마시고 나서는 오신채와 술과 사음(邪淫)과 망어(妄語)와 모든 살생을 7일

혹은 3·7일을 삼가면, 이 선남자 선여인이 꿈 가운데 지장보살이 가이없는 몸을 나타내시어 이 사람이 있는 곳에 이르러서 이마에 물을 부어 주리니, 이 꿈을 깨면 곧 총명을 얻어서 경전을 읽어 한 번 귓가에 지나가기만 하여도 곧 기억하며, 한 글귀 한 게송만이라도 길이 잊어버리지 않느니라.

관세음보살이여,

만약 미래세에 모든 사람의 의식이 부족하여서 혹 의식을 구하더라도 뜻대로 되지 않거나, 혹은 질병이 많거나, 혹은 흉하고 쇠함이 많아서 집안이 불안하고 권속이 흩어지며, 혹

모든 횡사가 많아서 몸을 괴롭게 하고, 잠자는 꿈 사이에 많은 놀람이 있거든,

이와 같은 사람은 지장보살의 이름을 듣고, 지장보살의 형상을 보고, 지극한 마음으로 공경하여서 염(念)하기를 만 번을 채우게 되면, 이 모든 여의치 않은 일들이 점점 사라지고 안락함을 얻어서 의식도 풍족해지고 따라서 잠자는 꿈속에서 안락함을 얻느니라.

관세음보살이여,

만약 미래세에 선남자 선여인이 있어서 혹은 생계(生計)로 인하거나, 혹은 공적으로나 사적으로나, 혹 나고 죽음

으로 인하거나, 혹 급한 일로 인하여
서 산 숲속에 들어가거나, 물과 바다
와 같은 큰 물을 건너며 험한 길을 지
날 때, 이 사람이 먼저 마땅히 지장보
살의 명호를 만 번 염하면, 그가 지나
는 곳의 토지 귀신이 위호하여 가거나
머물거나 앉거나 누울 때에 영원히 안
락하게 되고, 또한 호랑이·늑대·사
자와 그밖의 모든 독해를 만나더라도
그가 능히 해를 입지 않느니라.

　관세음보살이여,

　이 지장보살은 염부제에 큰 인연이
있어 만약 모든 중생에게 이 보살에
대한 보고 들은 이익 등의 일을 말하

자면, 백천 겁 동안을 말하여도 다 할 수 없느니라.

관세음보살이여,

그대는 신력으로 이 경을 유포하여서 사바세계의 중생으로 하여금 백천 겁토록 길이 안락을 받도록 하라."

이때에 세존께옵서 게송으로 설하여 말씀하시되,

"내가 이제 지장보살 위신력을 보니
항하사 겁 설하여도 다 말할 수 없네.
보고 듣고 우러러 예배하기 일념 중에
인간·천상에서 그 이익 한량없어라.
남자거나 여자거나 용신이거나

복이 다해 악도에 떨어질지라도,
지심으로 지장보살께 귀의하면
수명 늘고 모든 죄상 소멸되리라.
어떤 사람 어려서 부모 잃거나
형제 자매 여러 권속 흩어져도
자란 뒤에 그네들 혼신이
어디서 헤매는지 몰라도
지장보살 형상을 조성하고 그려서
한시도 쉬지 않고 우러러 절하면서
3·7일 동안 그 명호를 염하면
지장보살 끝없는 그 몸 나타내시네.
그의 권속 있는 곳을 낱낱이 보이시며
악도 중에 있더라도 모두 다 구해
내네.

만약 능히 첫 마음 물러서지 않으면

마땅히 마정수기를 받게 되리라.

위없는 보리를 닦으려 하고

삼계의 모든 괴로움 떨치려 하여

마땅히 대비심을 내어서

지장보살 거룩한 형상에 예배한다면

모든 소원 속히 성취되고

가로막는 모든 업장 사라지리라.

모든 중생 피안으로 인도하려는

불가사의한 거룩한 원 세웠건만

읽고 읽고 또 읽어도

지난 동안 지은 업장 방해되어

읽어도 기억하기 어려워라.

높고 높은 대승경전 기억할 수 없어도

향과 꽃, 옷과 음식

모든 장엄구를 보살께 공양하며,

깨끗한 물 한 그릇 보살님께 올려서

하루 낮 하룻밤이 지난 뒤에 마실 때

오신채와 술과 고기 먹지 않고

사음과 망어와 살생을 하지 말며,

3 · 7일간 보살 명호 지성으로 염하면

꿈속에 만나 보고 깨어서는 총명 얻

으리.

이 경전 읽는 소리 귓가에만 지나가도

천만 생을 두고두고 잊음이 없으니

이 모든 것 지장보살 불가사의한 힘

지혜와 총명을 내려줌이라.

가난하고 병 많은 중생

집안이 몰락하고 모든 권속 흩어져서
잠을 자면 꿈자리 불안하고
구하는 것 갖게 안 되어도
지심으로 지장보살 우러러 절하면
모든 나쁜 일 다 없어지고
꿈속에서도 모든 안락을 얻게 되며
의식 풍요롭고 착한 신들 옹호하네.
어쩌다가 험한 산과 바다 지날 때에
악독한 금수와 나쁜 사람들
악신들과 악귀들과 그밖의 사나운
바람
온갖 고통 고난이 있다 해도
거룩한 지장보살 형상 앞에
일심으로 예배하고 지성으로 공양

하면

어떤 산이나 바다에서도

모든 재난 영원히 사라지리라.

관세음보살이여, 지심으로 들으라.

지장보살의 위신력 끝이 없는 불가사의

백천만 겁에도 다 말할 수 없나니

그대는 지장보살 이같은 공덕 널리 알리어라.

누구든지 지장보살의 명호 혹 듣거나

거룩한 형상을 우러러 절하며

향과 꽃, 옷과 음식 공양 올리면

백천 생에 승묘한 복락을 누리리라.

이 공덕을 법계에 회향하면,

끝내는 부처 이뤄 생사를 건너가리.

관세음보살이여, 이를 마땅히 알라.

항하사 모든 국토에 널리 펼지니라.”

제13품. 촉루인천품
囑累人天品
사람과 하늘을 부촉하다

그때에 세존께서 금빛 팔을 드시어 지장보살마하살의 이마를 어루만지시며 말씀하시기를,

"지장보살이여, 그대의 신력이 불가사의하도다. 그대의 자비가 불가사의하도다. 그대의 지혜가 불가사의하도다. 그대의 변재가 불가사의하도다. 바로 시방의 모든 부처가 그대의 불가사의한 공덕을 찬탄하기를 천만 겁 동안 하여도 다 말할 수 없으리라.

지장보살이여,

내가 오늘 이 도리천궁 가운데 백천
만억의 이루 말할 수 없는 모든 불·
보살 및 천룡팔부의 큰 모임 가운데에
서 다시 부촉하노니,

그대는 모든 중생들이 삼계를 나오
지 못하고, 불타는 집 가운데에 있는
자를 하루 낮 하룻밤이라도 악도에 떨
어지지 않게 할지니, 하물며 다시 오
무간지옥이나 아비지옥에 떨어져 문
득 천만억 겁을 지나도 나올 기약이
없게 할까 보냐.

지장보살이여,

이 남염부제 중생들은 뜻과 성품이
정한 바가 없어서 악한 짓을 익히는

자가 많아서 비록 착한 마음을 내어도 곧 사라지며, 만약 악한 인연을 만나면 생각 생각에 악이 더 늘어나니, 이런 까닭에 내가 이 몸으로 백천억으로 나투어서 교화하고 제도하되, 그들의 근기와 성품에 따라서 해탈시키는 것이니라.

지장보살이여,

내가 이제 간절히 인간과 천상의 무리들을 너에게 부촉하노니, 만약 미래 세에 하늘과 인간에 선남자 선여인이 있어서 불법 가운데에 조그마한 선근이라도 심되, 그것이 한 털끝·한 티끌·한 모래알·한 물방울만 하더라도 너는 마땅히 도력(道力)으로써 이 사람을 옹호하여서 점점 드높이 위없는 도를 닦도록 하여 물러섬이 없도록 하라.

지장보살이여,

만약 미래세에 하늘이나 인간의 업을 따라 보를 받아 악도에 떨어지는 자가 있거든, 너는 그가 떨어진 곳에 나아가고, 혹은 지옥문에 이르러서 이 모든 중생들이 만약 한 부처님 한 보살의 명호나 대승경전의 한 구절 한 게송만이라도 외운다면, 너는 이 모든 중생들을 신력과 방편으로써 구출하여 고통에서 벗어나게 하되, 그 사람이 있는 곳에 무변신(無邊身)을 나타내어서 지옥을 부수고 하늘에 태어나도록 하여 승묘한 낙을 받도록 하라."

세존께서 다시 게송으로 말씀하시길,

"현재와 미래의 모든 중생
내 이제 그대에게 부촉하노니,
그대는 큰 신통과 큰 방편으로
중생을 제도하여
악도에 들지 않도록 하라."

이때 지장보살마하살이 무릎을 꿇고 합장하고 부처님께 사뢰어 말씀드리기를,

"세존이시여, 원컨대 세존께서는 염려하지 마시옵소서.

만약 미래세에 선남자 선여인이 불법 중에서 한 생각의 공경심만 내어도 제가 이제 백천 방편으로 이 사람을 제도하여 생사 중에서 속히 해탈을 얻게 하오리니, 하물며 어찌 여러 가지 착한 일을 듣고 생각 생각에 수행함이오리까. 이 사람은 자연히 위없는 큰 도에서 길이 퇴전하지 않을 것이옵니다."

이 말씀을 하실 때, 모임에 참석하였던 허공장(虛空藏)보살이 부처님께 사뢰어 말씀하시되,

"세존이시여, 제가 이제 이 도리천에 이르러 부처님께서 지장보살의 위신력이 불가사의함을 찬탄하심을 잘 들었나이다. 만약 미래세에 선남자 선여인과 내지는 모든 하늘과 용들이 있어 이 경전과 지장보살의 명호를 듣거나, 혹은 지장보살의 형상을 우러러 예배한다면 몇 가지의 복리를 얻게 되나이까.

세존이시여, 현재와 미래의 일체 중생들을 위하여 간략히 이에 대한 말씀을 하여 주시옵소서."

부처님께서 허공장보살에게 말씀하시기를,

"자세히 듣고 자세히 듣거라. 내가 마땅히 그대를 위하여 분별하여 말하리라.

만약 미래세에 어느 선남자 선여인이 지장보살의 형상을 보거나, 이 경을 듣거나, 내지 독송하며 향·꽃·음식·의복·보배 등으로 보시 공양하고 찬탄하여 우러러 예배하면 마땅히 28종의 공덕을 얻으리라.

1. 천상과 용이 항상 지켜주며,
2. 선한 과(果)가 날로 더함이며,
3. 성인의 높은 인(因)을 더함이며,
4. 보리도에서 물러나지 않음이며,
5. 의식이 풍족함이며,

6. 질병이 이르지 못함이며,

7. 물·불의 재앙을 여윌 것이며,

8. 도적의 액난이 없음이며,

9. 남들이 보고 존경함이며,

10. 신(神)과 귀(鬼)가 도와줌이며,

11. 여자는 남자 몸으로 바뀜이며,

12. 여자라면 임금이나 대신의
    딸이 됨이며,

13. 상호가 아름다움이며,

14. 천상에 많이 태어남이며,

15. 혹 제왕으로 태어남이며,

16. 숙명의 지혜를 얻음이며,

17. 구하는 바가 뜻대로 이루어짐
    이며,

18. 권속이 기뻐하고 즐거워함이며,

19. 모든 횡액이 소멸함이며,

20. 업도가 영원히 소멸함이며,

21. 가는 곳마다 통달함이며,

22. 밤에는 꿈이 편안함이며,

23. 먼저 돌아가신 부모 권속 등이 고(苦)를 여읨이며,

24. 숙세의 복을 받아 태어남이며,

25. 모든 성현의 찬탄함이며,

26. 총명하여 근기가 수승함이며,

27. 자비심이 넉넉함이며,

28. 끝내는 부처를 이룸이니라.

허공장보살이여,

만약 현재와 미래에 하늘·용·귀

신도 지장보살의 명호를 듣거나 지장
보살의 형상에 예배하거나, 혹은 지장
보살의 본원에 대한 일을 듣고 수행하
고 찬탄하며 우러러 예배하면, 일곱
가지의 이익을 얻으리라.

1. 빨리 성현의 지위에 오름이요,

2. 악업이 소멸됨이요,

3. 모든 부처님이 지켜주심이요,

4. 보리도에서 물러서지 않음이요,

5. 본원력이 더욱 증장됨이요,

6. 숙명을 통함이요,

7. 끝내는 부처를 이룸이니라."

그때에 시방 여러 곳에서 오신, 말
로는 이루 말할 수 없는 모든 부처님

과 대보살과 천룡팔부들이 석가모니 부처님께서 지장보살의 불가사의한 큰 위신력을 높이높이 찬탄하시는 것을 듣고 모두가 일찍이 없었던 일임을 찬탄하셨다.

이때 도리천에 한량없는 향과 꽃과 하늘 옷과 보배 구슬비를 내리어 석가모니 부처님과 지장보살께 공양하기를 마치고 나서, 이 모임의 모든 중생들이 다 함께 다시 우러러 예경하고 합장하며 물러갔다.

《지장경》끝

지장보살 정근(地藏菩薩 精勤)

나무 유명교주 남방화주 대원본존 지장보살
南無 有名教主 南方化主 大願本尊 地藏菩薩

(시간에 따라 지극한 마음으로 부릅니다.)

지장보살 멸정업진언(정해진 업을 멸하는 진언)
地藏菩薩 滅定業眞言

『옴 바라 마니다니 사바하』(세번)

지장대성위신력   지장보살 대성인의
地藏 大聖 威神力   위신력이여!

항하사겁설난진   항하사 겁토록 찬탄해도
恒河沙劫說難盡   다 말할 수 없네.

견문첨례일념간   보고 듣는 잠깐이라도
見聞瞻禮一念間   우러러 예배한다면

이익인천무량사   사람과 천중들의 이익이
利益人天無量事   무량하리라.

고아일심귀명정례   그러므로 제가 일심으로
故我一心歸命頂禮   목숨 바쳐 정례하옵니다.

지장보살 츰부다라니

구족수화 길상광명 대기명주 총지장구
具足水火 吉祥光明 大記明呪 總持章句
(물·불과 온갖 길상광명이 구족한 크고 밝은 법문)

아어과거긍가사등 불세존소
我於過去殑伽沙等 佛世尊所
"저는 과거 항하의 모래 수 부처님 회상에서

친승수지 차다라니
親承受持 此陀羅尼
이 다라니를 친히 이어받아 지녀서

능령증장 일체백법
能令增長 一切百法
능히 일체 모든 청정법을 증장시켰사오며

증장일체종자 근수아경
增長一切種子 根鬚芽莖
모든 종자와 뿌리·넝쿨·싹·줄기와

지엽 화과 약곡 정기 자미
枝葉 花果 藥穀 精氣 滋味
가지·잎·열매와 약·곡식·정기와 좋은 맛을 증장시켰사오며

증장우택
增長雨澤
비를 내려 만물을 키우고

증장유익 지수화풍
增長利益 地水火風
유익한 지수화풍을 더하여

증장희락
增長喜樂
기쁨과 즐거움을 더하게 하고

증장재보
增長財寶
재물과 보배를 더하게 하고

증장승력
增長勝力
수승한 힘을 더하게 하고

증장일체 수용자구
增長一切 受用資具
일체 생활에 필요한 온갖 물품을 더하게 하였사옵니다.

차다라니 능령일체 지혜맹리
此陀羅尼 能令一切 智慧猛利
이 다라니는 능히 일체 지혜를 용맹하고 날카롭게 하여

파번뇌적 즉설주왈
破煩惱賊 卽說呪曰
번뇌의 도적을 쳐부수옵니다." 하고
즘부 다라니를 설하셨다.

츰부다라니

츰부 츰부 츰츰부 아가셔츰부 바결랍츰부 암발랍츰부 비라츰부 발절랍츰부 아루가츰부 담뭐츰부 살더뭐츰부 살더닐하뭐츰부 비바루가 찰붜츰부 우붜셤뭐츰부 내여나츰부 뷜랄여삼므디랄나츰부 찰나츰부 비실바리여츰부 서살더랄바츰부 비어자수재맘히리 담미 셤미 잡결랍시 잡결랍뭐스리 치리 시리 결랄붜뷜러발랄디 히리 벌랄비 뭘랄저러니달니 헐랄달니 붜러 져 져 져 져 히리 미리 이결타 탑기 탑규루 탈리 탈리 미리 뭐대 더대

구리 미리 앙규즈더비 얼리 기리 붜러
기리 규차섬믜리 징기 둔기 둔규리 후
루 후루 후루 규루 술두미리 미리디
미리대 뷘자더 허러 히리 후루 후루루

츰부다라니 공덕

이 다라니를 받아 지니면, 부처님을 잊지 않는 생각이 증장되며 수명이 늘며, 건강이 증진되고 체력이 증장되며, 기력이 향상되고 명예를 높이고 계행을 넓히며, 총명과 가르침에 이르는 수행의 광명을 증장시키며, 천상에 나거나 열반에 이르게 하며, 일체의 청정법과 여러 식물의 정기와 맛을 높이며, 기쁨과 즐거움을 갖게 하며, 재물과 보배를 얻게 하며, 일체 생활에 필요한 온갖 것을 갖게 하며, 능히 일체 지혜를 용맹하고 날카롭게 하여 번뇌를 깨뜨릴 수 있느니라.

광명진언(光明眞言)

옴 아모카 바이로차나 마하 무드라
마니 파드마 즈바라 프라바를타야 훔

  십악 오역의 중죄를 지은 사람이 두서
너 번 듣기만 하여도 모든 죄업이 다 소멸
하나니라. 십악 오역의 모든 죄를 많이 지
어 그 죄가 온 세계에 가득차서 죽어 지옥
에 떨어졌더라도 깨끗한 모래에 이 진언을
백팔 번 새겨서 그 모래를 그 사람의 시체
나 무덤 위에 흩어주면 모든 죄가 다 소멸
되어 곧 극락세계에 가서 나니라.

지장보살 영험록

✿ 염라청에서 만난 지장보살

당나라 옹주(雍州) 운현(雲縣) 땅의 이(李)씨 부인은 신심이 두터워 부처님의 법을 받드는 데 정성을 다하는 분이었다. 항상 재일(齋日)을 지키고 수행이 남달리 뛰어나 집에 나무로 조성한 1자 6치 가량 되는 지장보살을 모시고부터 이상한 일이 자주 일어났다.

이씨 부인에게 50살 되는 한 여종이 있었다. 그는 소견이 삿되고 불법을 믿지 않으므로 자기 주인이 불법 믿는 것을 못마땅하게 생각하고 있었다. 하루는 이씨가 외출한 틈을 타서 지장보살 존상을 앞산 아래 풀숲에 버리고 돌아왔다.

이씨가 집에 돌아와 보니, 보살상이 보이지 않으므로 걱정을 하던 차에 누가 부르는 듯한 느낌이 있어 문밖에 나와 보니, 앞산 밑 풀숲에서 이상한 광명이 비치고 있었다. 느낀 바 있어 광명이 나는 풀숲으로 단숨에 달려갔다. 생명 같이 모시던 지장보살 존상이 풀숲에 누워 있으면서 기다렸다는 듯이 빙긋이 웃어 보였다. 이씨 부인은 눈물과 웃음과 울음이 섞인 감동으로 지장보살을 다시 모셔다가 정성껏 봉안하고 예배하고 염불하면서도 그것이 여종의 소행인 줄을 몰랐다.

그때 여종이 갑자기 쓰러져 인사불성이 된 것을 발견하고, 즉시에 온갖 방법으로 구환하니 잠시 후 깨어나 통곡하며 말하였다.

"죽을 죄를 지었습니다. 용서하여 주십시오. 제가 조금 전에 누군가에 잡혀 정신없이 끌려갔는데 당도한 곳이 명부였습니다. 거기에서는 말 탄 관리들이 서첩을 읽는데 '너는 성상을 모욕하여 대죄를 범하였으니 결박지어 대왕 앞에 심

판을 받게 하고, 마땅히 지옥에 잡아 넣어 큰 고통을 받게 하리라' 하였습니다. 그때 한 스님이 그곳에 나타나서 말씀하시기를 '이 사람은 우리 신도 집에서 일하는 종이니, 비록 나의 형상을 보기 싫다고 내다버리기는 하였으나, 나는 그 사람을 저버리지 않을 것입니다. 바라건대 대왕은 이 사람을 불쌍히 보아 도로 살려주기 바랍니다' 하셨습니다.

염라대왕은 곧 저를 방면하여 주시니 저는 그 말을 듣고 곧 저의 잘못을 깊이 뉘우쳤습니다. 제가 부처님을 좋아하지 아니했고, 지장보살을 내다버린 것을 뼈아프게 참회하면서 그 자리에 꿇어앉아 '나무지장보살' 하고 큰 소리로 부르며 뉘우쳤습니다. 그랬더니 그곳 명부에 있던 죄인들에게 채워져 있던 고랑쇠가 지장보살 부르는 소리가 들리는 데까지는 전부 벗겨졌습니다. 그리고 스님께서는 저의 손을 이끌어 염라청에서 막 나오면서 어디론지 사라지고 말았습니다. 마님, 제가 잘못했습니다. 용서하여 주십시오."

여종은 계속 눈물을 흘리며 이씨 부인 앞에 엎드려서 일어날 줄 몰랐다. 이씨 부인은 그를 달래어 지장보살 앞에 예경을 드리며 참회하게 하였다.

이 사실을 전해 들은 그 고을 사람들은 불법의 신비한 영험에 놀랐고, 크게 신심을 일으켜 부처님 법을 받들었다. 이씨 부인과 여종도 신앙이 몇 배나 더 깊어졌다.

✿ 아버지를 구하고 천상에 나게 하다

당나라 무주(撫州) 땅에 살던 조씨 소녀는 부처님께 귀의하여 지장보살 앞에 지극 정성으로 염불하였다. 소녀는 무주 자사(刺史)의 며느리가 되면서 지장보살을 향한 공경심은 더욱더 간절하였으나, 그의 시부모들은 전혀 신심이 없었다. 조씨는 부모님들을 위하여 자기가 가진 패물이며 피륙을 팔아서 지장보살 존상을 조성하기에 이르렀다. 높이는 석 자이고 금빛이 찬란한 금옷으로 모셔놓고 조석으로 지성을 바쳐 예배 공양하고 또한 염불하였다.

그 후 얼마 지나 그의 아버지는 일이 있어 외출하셨는데 그의 집에 밤중에 도적이 들어와 집안을 엿보았다. 도적이 내실 문틈으로 가만히 들여다보니, 금빛이 찬란한 지장보살이 앉아 계셨다. 도적은 이를 보자 감히 도적 생각을 내지 못하고 담을 넘어 돌아갔다. 그 이튿날 도적은 의관을 점잖이 차리고 그 집에 다시 가 보았으나, 안주인 혼자 계실 뿐이며 밤에 본 지장보살의 성상은 찾아볼 수 없었다. 도적은 더욱 이상한 생각이 들었다. 기필 이 댁은 성인이 가호하시는 댁이라는 것을 느끼고 이제까지의 자기의 과거를 다 털어놓으며 진정으로 참회하고 공경스런 인사를 드리며 물러갔다.

그 일이 있은 뒤에 다시 조씨 아버지는 먼 길을 가던 길 도중에서 우연히 과거의 원적 관계자를 만났다. 그는 원한이 아직도 풀리지 않은 듯, 다짜고짜 칼을 빼어들고 '잘 만났다' 하면서 덤볐다. 조씨의 아버지는 당황하며 어쩔 줄 모르고 있는데 갑자기 그 앞에 금빛 옷을 입은 스님 한 분이 나타나 원수가 내려치는 칼을 막았다. 원수는 몇 번이고 칼을 휘두르면서 그 스님을 치더니 스님이 머리에 칼을 맞아 땅에 쓰러지자 원한이 풀린 듯 가버렸다. 원수의 눈에는 스님이 아버지로 보이는 듯했다. 그의 아버지는 그 도적이 떠난 다음 마치 꿈에서 깨어난 듯 정신을 차려 살펴보았지만, 쓰러져 죽은 스님도 보이지 않았고 피 한 방울 찾아볼 수 없었다. 하도 놀랍고 기이하여 그의 아버지는 가던 길을 멈추고 곧바로 염불 잘하는 자기 딸의 집으로 찾아가서 그날 당한 일의 자초지종을 딸에게 말하였다. 부녀는 둘이서 지장보살 앞에 나아가 존상을 가만히 살펴보니, 지장보살 머리에는 세 군데나 칼 맞은 것 같은 흔적이 보였고 금빛도 변해 보였다. 부녀는 지장보살 앞에 엎드려 지장보살님이 급할 때 나타나시어 대신 목숨을 구해주고, 묵은 원수의 원한을 풀어준 것을 깊이 감사하면서 머리를 조아렸다. 이 일이 있은 다음부터 그의 부모님이 신심이 생기어 열심히 염불하는 지장보살 신자가 되었던 것이다. 그런 다음 조씨 아버지는 79세에 세상을 떠났다. 죽은 지 35일이 지나서 딸의 꿈에 아버지의 몸에서는 금빛 광명이 나며, 허공을 평지와 같이 자유자재하게 날듯이 다니고 있었다. 하도 반갑고 신기하여 조씨는 아버지를 향하여 소리쳤다.

"아버지, 어디로 가십니까?"

그의 아버지는 가까이 오면서 딸에게 자상한 목소리로 말하는 것이었다.

"나는 이제 제사천의 동사보처(同事補處)로 가는 길이다. 나뿐만 아니라 천상에 나는 사람들은 모두 지장보살님의 인도를 받아 가느니라. 너도 지장보살을 더욱 잘 공경하라. 너의 어머니는 13년 뒤에 오며, 너는 25년 뒤에 오고, 너의 남편은 28년 뒤에 올 것이다. 다들 잘 있거라."

이 말을 마치자 아버지의 자취는 알 수 없었다.

과연 그 뒤에 조씨의 어머니나 조씨 자신, 그리고 조씨 남편은 아버지 말과 같이 세상을 떠났다. 그 뒤로부터 무주 고을 안에 지장보살의 등상이나 화상을 조성하여 예배 공양하는 사람이 많아졌으며, 감응을 받은 사람도 또한 많았다.

❀ 법문을 받들고 다시 살아나다

당나라 종산(鍾山) 개선사(開善寺)의 지장보살 존상에 얽힌 이야기다.

이 지장보살은 높이는 3척인데 그 둘레에서는 항상 큰 광명이 났으며, 배광(背光)이 4척 5촌이나 뻗쳤다고 한다.

그런데 개선사가 있던 양주(揚州)의 도독 등종(鄧宗)이 나이 61세 되던 해, 가벼운 병으로 눕더니 갑자기 죽고 말았다. 그의 가족들은 너무 급히 당한 일이고, 또한 가슴이 따뜻하므로 염하지 않고 놓아두었다. 그랬더니 하루를 지낸 다음날 밤중에 마치 잠에서 깨어나듯 다시 살아났다. 그리고 말없이 슬피 통곡하더니 이윽고 자손들에게 입을 열었다.

"나를 개선사에 데려다 다오." 할 뿐 다른 말

을 하지 않았다.

개선사에 도착한 등도독은 말없이 지장보살 앞에 나아가더니, 한 번 쳐다보고는 그만 엎드려 눈물을 흘리는 것이었다. 한참 동안 울고 나서 또한 여러 번을 우러러보며 예경하더니, 이윽고 주위 사람에게 말문을 열었다.

"내가 죽을 때 4품 벼슬로 보이는 관인이 와서 나를 끌고 가더니, 마침내 당도한 곳이 염라대왕 앞이었습니다. 대왕은 나를 보시더니 말씀하시기를 '너는 아직 죽을 때가 멀었으니 다시 인간에 돌아가거라. 그리고 부처님 법을 받드는 것으로 너의 집 사업을 삼도록 하여라. 이곳 지옥이라는 데는 세상 사람들이 많이 오는 곳인데 세상 사람들로는 전혀 알지 못하고 있으니, 네가 지옥을 한 번 구경하고 가겠느냐? 네가 돌아가서 지옥이라는 곳이 과연 무섭다는 것을 세상 사람들에게 알려주는 것이 좋겠다' 하셨습니다. 관인을 따라 동북방 쪽으로 3~6리 가량이나 가니, 거기에는 쇠로 만들어진 큰 성이 있는데 쇠문이 꽉 닫혀 있었고, 성 안에 들어서니 맹렬한 불길이 솟아오르고 쇠 녹은 물이 강처럼 흐르고 있었습니다. 그 가운데를 자세히 살펴보니, 수를 헤아릴 수 없는 사람들이 고초를 받고 있었습니다. 그런데 한쪽을 본즉, 맹렬한 불길을 헤치며 고초받는 사람들을 위로하여 교화하고 계시는 스님이 보였습니다. 이상하게도 그 스님이 가시는 곳은 금방 불꽃이 멎는 것이었습니다. 나는 앞으로 계속 나아가면서 지옥 구경을 하였는데 한 성에 이르니, 그 가운데는 또 무서운 지옥이 있어서 열여덟이나 되는 큰 지옥에서 고통 받는 모양은 도저히 형용할 수 없는 것이었습니다. 여기서도 또 앞서의 스님이 보였는데 불길을 멎게 하고, 죄인을 교화하는 것은 앞서와 같았습니다. 내가 차마 볼 수 없는 지옥의 갖가지 광경들을 낱낱이 구경하고 돌아올 때에 그 스님도 지옥에서 나오시며 나에게 말을 거셨습니다. '네가 나를 알겠느냐?' 저는 사실대로 '잘 알 수 없습니다' 하였더니 스님이 이렇게 말씀하셨습니다.

'나는 개선사에 있는 지장보살이니라. 옛날 지만(智滿) 법사가 삼도에서 고통 받는 중생들을 구해내기 위하여 나의 형상을 만들어 모셨으므로 내가 지만스님의 청을 받아들여 매일 한 번씩 지옥에까지 다니면서 고통 받는 중생들을 교화하고 있는 것이다. 이런 중에서 보면 지옥 속에서도 혹 선근이 남아 있어 착한 마음이 강한 자는 내 말 한 번에 곧 발심하여 지옥고를 벗어나며, 사견만 많은 자는 고통을 벗어나기가 어려우니라. 그 중 선근이 미약한 자는 오히려 교화하기 쉬우나, 한 번 지옥에 들어가기만 하면 좀체로 구제하기는 매우 힘드느니라. 그런데도 세간에서 악한 업력만 기른 사람은 자기 허물을 깨달을 줄 모르고, 오직 고통 받는 일과 빠져나올 것만 기다리니 이 어찌 슬프지 아니하랴. 세상에 살면서 선근이 있는 사람은 자기의 허물을 뉘우치는 마음을 낼 것이니, 너는 부처님의 법력을 받아 세상 사람들이 지옥고를 받지 않도록 일러주고 힘쓰도록 하라. 어서 인간에 나가 여러 사람들에게 이 뜻을 전하여라.'

이 말씀을 듣고 고개를 들어 스님을 쳐다보니, 이제까지의 스님의 몸은 어느덧 작어져 키는 3척 정도로 보이고 이마에서 환하게 광명이 났으며 눈이 유난히 빛났습니다. 내가 공손히 예배를 드리고 돌아서려 하니, 스님께서는 이런 글

귀를 일러주셨습니다.

'인간에게　　있어도　　　도 닦을 수　있나니
모든 선근　끊인 자도　발심하면　다 되네.
악도에　　　떨어져서　죄업이　　　익어지면
깨달을 맘　못 내니　　구원하기　어려워라.
노쇠한　　　사람들이　길을　　　　가고자 할 때
팔다리를　　부축하면　나아갈 수　있어도
누워서　　　부동하면　어찌할 수　없나니
중생들이　　지은 바　　정업도　　　그같니라.'

스님께서는 이 게송을 말씀하시고 어디론지 자취를 감추셨습니다. 나는 그때부터 그 스님이 일러주신 말씀을 잊을까 봐 그것만을 생각하느라고 아무에게도 말 못하고, 지금까지 와서 이제 여기 지장보살의 존상을 우러러 뵈오니, 지옥에서 보던 바와 똑같고 또한 그때에 말씀하신 것이 생생히 되살아납니다."

이 말을 들은 개선사 스님들과 자리를 함께 하였던 사람들은 모두가 놀라고, 또한 기이하게 생각하면서 다시 몇 번이고 지장보살을 우러러보았다. 그리고서 신심이 두텁고 솜씨 좋은 화공을 청하여 앞서부터 모셔왔던 지장보살 탱화를 본떠서 다시 그리게 하고 앞서의 탱화와 함께 그대로 모셨다.

🪷 길가에서 주운 지장보살의 영험

당나라 간주(簡州) 금수현(金水縣)에 살던 등시랑(鄧侍郎)에 관한 이야기다.

이 사람은 본래부터 부처님을 믿어왔다. 그는 어느날 길가에서 지팡이 머리 같은 것을 주웠는데 거기에는 스님의 형상이 새겨져 있었다. 등시랑은 그것을 주워서 집에 가지고 와 벽에 꽂아 두고 2, 3년이 지나서 등시랑은 병이 들어 죽었다. 염라청에 끌려간 그를 염라대왕은 매우 못마땅한 얼굴로 쳐다보았다. 그때에 한 스님이 홀연히 나타나니 형용이 매우 누추했으나, 대왕은 벌떡 일어나 자리에서 내려와 공경스러이 합장하며 그 앞에 꿇어앉아서 "무슨 일로 오셨습니까?" 하더라. 스님이 답하기를 "이 사람은 나의 신도이니, 꼭 죄를 사하여 주기를 바라오." 하시는 것이었다.

대왕은 대답하기를 "이 사람은 죄업이 이미 결정되었고, 또한 수명과 식록까지 모두 다하였으므로 죄를 사해 주기가 매우 어렵습니다." 했다.

스님이 다시 말하기를 "내가 옛적에 33천 선법당(善法堂)에 있을 때, 부처님께서 나에게 부촉하시기를 '죄업이 정해진 모든 유정 중생들도 구제하라' 고 하셨으며, 내가 죄업 중생들을 제도코자 하는 것은 오늘 처음 시작하는 일도 아니니 이 사람은 그다지 중한 죄를 범한 것도 없는데 어찌 구제하지 못한단 말이오?" 하셨다.

대왕이 이 말을 듣고 나더니, 공손스러운 말로 여쭙기를 "대사님 원력이 크고 견고하여 흔들리지 않으시니 마치 금강산과 같습니다. 대사님의 뜻이 그러하시니 이 사람을 곧 인간으로 내보내겠습니다." 하더라. 이 말을 들은 스님은 매우 기뻐하시면서 나의 손목을 잡고 오던 길로 다시 인도해주셨다. 우리 마을 가까이 와서 헤어질 때, 스님께 법호를 여쭈니 스님께서 말씀하시기를 "나는 지장보살이니라. 네가 인간에 있을 때에 길가에서 나의 형상을 보고 잘 알지 못하면서도 소중하게 주워다 너의 집 벽에 꽂아 둔 일이 있지 않느냐? 그것은 아이들이 장난으로 지팡이 머리에 내 얼굴만 새겨두고 그밖의 나머지는 새기지 못한 것이니라. 그래서 나의 형상이 이렇게 추하니라. 네가 나를 소중히 한 마음씨가 갸륵하다." 이 말을 마치자 문득 스님의 모습은 보이지 않더라. 그리고 그는 이제 다시 살아날 수 있게 되었다.

시랑이 깨어난 뒤에 생각이 나서 자기 집 벽에 꽂아 둔 지팡이를 다시 보니, 과연 그 말씀과 같이 되어 있었다. 그리고 지팡이 가운데가 갈라졌으므로 전단향목을 구하여 다시 5촌 가량 크기를 보충하여 조성하였다. 시랑이 죽을 곳에서 살려준 지장보살의 은공을 생각하고 정성을 다하여 조성하였던 것이다. 그 뒤로부터는 지장보살 형상에서 때때로 광명을 놓아 집안을 밝게 비쳤다. 시랑은 크게 환희심이 나서 이번에는 아주 새로이 지장보살을 크게 조성해 모시고 자기 집을 절로 만들었으며 절 이름을 지장대(地藏臺)라 하고 작은 지팡이 등상까지 함께 모시고 예배 공양하며 염불 기도하기를 쉬지 않았다. 이 소문은 원근에 곧 퍼져서 예배 공양하러 오는 사람들이 모여들어 지장대는 마침내 큰 절이 되었다.

❧ 존상의 썩은 나무와 호랑이 난

당나라 화주(華州) 혜일사(慧日寺) 법상(法尙) 스님의 출가에 관계된 이야기다.

스님이 출가하기는 37세 때인데 그때까지는 사냥하는 것을 즐기며 지내왔다.

하루는 여느 때와 같이 사냥길에 나서 산을 누비고 다니자니, 한 숲속에서 간간이 어떤 광명같은 것이 있는 것을 보고 그곳에 가보니 오직 썩은 나무토막 하나밖에 보이지 않았다. 길이는 겨우 한 자 남짓한데 어쩐지 기이한 생각이 들어 나무토막을 가지고 집으로 돌아왔다.

하루는 호랑이를 만나 의식을 잃고 말았는데 그의 꿈 같은 의식 속에 홀연히 한 스님이 나타나 자기를 가리고 호랑이에 맞서 싸우는 것이 보였다. 그리고 호랑이에게 호령을 하니 호랑이는 어디론지 사라졌다.

"당신은 누구시오? 나를 이렇게 구해주시니."

"나는 지장보살인데 네가 주워 둔 숲속의 썩은 나무가 곧 나의 몸이니라. 옛날에 너의 증조부가 이곳에 절을 짓고 부처님을 조성하여 모셨었는데 세월이 흐르는 동안에 절은 퇴락하고 다 없어졌으며, 그 당시의 나의 모양도 썩어 오직 나무 속만 남아 있었더니, 네가 그 후손으로 인연이 있어 나의 광명을 보게 되었으므로 그 인연으로 내가 너를 구해주는 것이다."

이 말씀을 듣고 법상은 깨어났다. 그의 곁에는 그가 탔던 말이 울고 서 있었으며 호랑이는 간 데 없었다. 그리고 다시 살펴보니, 그곳은 바로 자기가 썩은 나무를 주웠던 바로 그곳이었다. 호랑이에 쫓기어 피하며 돌아다니는 동안에 자기도 모르게 그 썩은 나무 곁에 와 있었던 것이다.

그 후 얼마를 지나 법상은 큰 결단을 하였다. 방광하던 곳에 절을 지었으며, 자기가 주운 썩은 나무에 향으로 이긴 진흙을 발라 지장보살 존상을 조성하여 모셨다. 그리고 절 이름을 혜일정사(慧日精舍)라 하고 증조부의 정신을 이어받아 출가하여 여법한 수도를 게으르지 않았다.

법상의 수행은 한결같았다. 78세가 되던 해 2월 24일에 입적하였는데 그때 곁에 있던 도반들에게 이런 말을 남겼다.

"좀 전에 지장보살께서 나에게 하시는 말씀이 '너는 자씨여래(慈氏如來 : 미륵불)의 3회 설법 중에 제2회에서 도를 깨칠 사람이다. 이제 네가 죽게 되면 곧 도리천에 나게 될 것이다' 하였습니다. 그래서 내가 말하기를 '천상에 나면 오욕락의 즐거움이 비할 데 없다고 하오니, 천상에서 쾌락을 받다가는 보리도를 잊기 쉽다고 하옵니다. 그렇게 되면 부처님 뵈올 날이 멀지 않겠습니까?' 하였더니 지장보살께서 말씀하시기를 '그렇다면 너의 소원대로 하려므나. 네가 만약 극락정토에 가서 나고자 하거든, 마땅히 아미타불을 하루 낮 하룻밤만 전심전력 생각하라. 그러면 극락세계에 날 수 있느니라' 하였습니다. 이 말씀을 듣고 곧 아미타불을 전심전력으로 생각하여 극락세계에 왕생하기를 원하였더니, 이제 원을 이루어 정토세계로 떠납니다." 라고 한 다음 합장하고 앉아서 가벼운 미소를 머금은 채 조용히 왕생하였다.

❧ 성상을 모시고 어머니가 천상에 나다

　당나라 진도독(陣都督)의 딸은 어머니를 잃고 밤낮으로 식음을 전폐하며 울고만 있었다. 그대로 놓아두면 조만간 꼭 죽을 것만 같아 그의 아버지는 딸을 붙들고 백 가지로 위로하며, "네가 참된 효녀라면 너의 어머니를 위하여 부처님께 정성을 드리는 것이 좋겠다. 이제 집에 지장보살님의 성상을 모실 터이니, 네가 어머니를 위하여 기도를 드리도록 하라." 했다.

　성상이 완성되자 그의 딸이 아버지 앞에 나와 청하였다.

　"아버지, 이번에 모신 지장보살님은 어머님께서 계셨던 자리에 모시고 싶습니다. 그리고 어머니 생각이 날 때마다 지장보살님을 우러러보고 지장보살님 염불도 하고자 합니다."

진도독은 딸이 마음을 돌린 것이 기뻐서 딸의 말대로 어머님 침실에 존상을 모시게 해주었다. 그 다음부터 딸은 지장보살님에게 밤낮으로 예배 공양하며 염불을 쉬지 않고, 어머니의 명복을 비는 기도를 쉬지 않았다. 그러는 사이 딸의 마음도 안정되고 텅 비어 쓸쓸한 바람이 부는 듯했던 집안에도 차차 훈기가 도는 어느 날 밤, 진도독의 효녀는 꿈속에서 한 스님을 만났다.

"갸륵하다 효녀여, 너의 어머니는 생전에 지은 죄가 많아 지옥에 있느니라. 나도 옛날 너와 같은 딸이 되었을 때가 있었는데 그때 나의 아버지는 이름이 시라선견(尸羅善見)이었고, 어머니의 이름은 열제리(悅帝利)라고 하였다. 나의 어머니가 돌아가시어 태어난 곳을 몰라 애태우다가 마침내 부처님의 자비하신 인도를 힘입어 어머니가 지옥에 빠져 한없는 고통을 받고 계시는 것을 알고, 부처님께 발원하고 기도하여 어머니로 하여금 천상에 나게 하였더니라. 그때부터 내가 보리심을 발하여 일체 중생의 고통을 없애 주기로 맹세하였다. 이제 너의 효심을 보니 옛날 생각이 나는구나. 너의 효성이 장하니 내가 지옥에 들어가 방광설법(放光說法)을 하여 너의 어머니를 죄고에서 건져내어 천상에 나게 하여 주리라."

이 말씀을 마치자 스님은 홀연히 사라져 보이지 않더니 잠시 후 다시 나타나셨다. 밝으신 얼굴에 자비하신 웃음을 띠우시고 진도독의 딸 가까이에 오셨다. 도독의 딸이 얼핏 보니 스님의 옷자락이 불에 타 있었다. 그래서 이유를 물었더니, 스님이 말씀하시기를,

"내가 지옥에 들어갔을 때 불꽃에 탄 것이다."

하시자 스님의 모습은 다시 사라지면서 꿈이 깨

었다.

　진도독의 딸은 꿈을 깨고 나서 어머니가 천상에 태어난 것이 기뻤다. 그리고 애달픈 마음, 그리운 마음, 안타까운 마음, 괴로운 마음, 가슴 터질 듯한 슬픈 마음, 그 모두가 사라지고 가슴 속이 환히 열리는 것 같았다. 그의 가슴에는 기쁜 마음이 잠잠히 피어올랐다.

❁ 상투 속에 모신 지장보살 광명

당나라에 별가(別駕) 벼슬을 한 건갈(健渴)에 대한 이야기다.

건갈은 신심이 돈독하였고 그의 일상 수행은 매우 청정하였다. 항상 지장보살을 받들어 모시고 다녀야겠다는 생각이 들어 전단향나무를 구하여 높이가 3치 되는 지장보살 존상을 조성하여 상투머리 속에 정중히 감추어 모셨다. 그러니 다닐 때나 머무를 때나 눕거나 앉거나 사람들과 이야기를 할 때나 항상 지장보살을 모신 것을 생각에서 잊지 않았다. 가히 생각 생각에 지장보살을 잊지 않고자 노력하였던 것이다.

그러던 중 장흥(長興)년(930년)에 건갈은 새로운 관명을 띠고 부임하는 중이었다. 어느 후미진 냇가에 다다르자 이상한 느낌이 들어 건갈은 더욱 일심으로 지장보살을 생각하면서 다리를 건너 산 밑에 이르렀다. 그랬더니 어떤 사람이 바쁜 걸음으로 그를 부르며 따라오는 것이 아닌가. 그는 일찍이 그에게 깊은 원한을 가진 사람이었다. 건갈은 '이제 올 것이 왔구나' 생각하였더니, 그 사나이의 태도는 사뭇 달랐다. 민망하리만치 정중한 태도였다. 그리고 그에게 말하는 것이었다.

"내가 이번에 당신이 이 길로 부임하는 것을 알고서 미리 다리 밑에 숨어 있었소. 멀리서 당신 혼자서 말 타고 오는 것을 보았는데 다리 가까이 와서는 갑자기 스님 한 분이 지나가실 뿐, 당신도 말도 보이지가 않았소. 이상한 일이다 생각하고 한참 지켜보았지만, 역시 당신은 보이지 않고 스님 한 분만이 다리를 건너가셨는데 다시 한참 있다 보니, 당신이 여전히 말을 타고 가는 것이 아니겠소. 내가 가만히 생각하니 하찮은 일 가지고 당신과 원한을 맺고 원수를 갚으려 하였으니, 이것은 잘못되었다 생각하오. 당신은 분명히 부처님이 도우시는 사람같소. 이제 내가 과거 일을 다 풀어버리니 당신도 마음을 놓으시오." 하는 것이다. 건갈이 죽은 것은 청태(淸泰) 2년(935년), 그의 나이 78세 때인데 임종하면서 그는 단정히 앉아 합장하여 염불하고 있었다. 그의 상투에서는 유난히 밝은 광명이 퍼져 나와 그의 온몸을 덮고 있었는데 그 사이에 그는 고요 속에 잠겨 들어갔다.

❀ 조상이 귀의한 은덕

형주(荊州) 땅에 한 선비가 있었는데 그의 이름은 전해지지 않으나, 글보다는 오히려 사냥을 업으로 하는 사냥 선비인 듯하다. 그의 별명만이 전해지는데 별명이 안웅(雁雁: 기러기 영웅)인 것으로 보아 족히 짐작이 간다. 사냥을 즐기면서 이럭저럭 50살이 되어서 열병을 앓다가 죽었는데 3일 만에 그가 살아나 하는 말은 정말 놀라운 일이었다.

"내가 앓고 있는데 누군가가 내 곁에 오더니 다짜고짜 어서 가자고 방망이로 을러댄다. 그리고는 몇 개의 대문이 달린 집을 지나 염라대왕 앞에 꿇어앉혔다. 거기에는 멧돼지 · 노루 · 토끼 · 꿩, 그밖의 여러 가지 새들이 수천 마리 모여 있었다. 또한 기러기도 여러 마리 있었다. 그런데 저 들짐승들은 일제히 목을 빼고 눈알을 부라리며 나를 노려보았다. 그리고서 일제히 염라대왕에게 무엇인가를 호소하고 있었다. 나는 저 짐승들이 하는 말이 모두 사람의 말처럼 역력하게 알 수 있었다. '대왕님, 저놈이 우리를 죽이고 우리 자식을 죽인 안웅입니다. 저놈을 엄하게 다스려주십시오' 하였다. 대왕이 그 말을 듣더니 하는 말이 '너희들 말이 맞다. 안웅은 틀림없이 나쁜 사람이다. 그러나 한 가지 그의 조부가 지장보살님에게 귀의했느니라. 그러므로 나로서는 저 안웅이 그 사람의 손자인 것을 아는 이상 고초를 면해줄 수밖에 없다' 하였다. 나는 귀가 번쩍 뜨였다. 꼼짝없이 이제는 지옥으로 가나 보다 하였더니, 지장보살님 공덕으로 살게 된 것이다. 나는 감격해서 일심으로 지장보살을 소리 높이 불렀다. 그랬더니 뜻밖에도 뜰 가운데 있던 모든 짐승들이 금시에 사람의 형상으로 변하였다. 그리고 염라대왕이 나를 놓아주시면서 '어서 집으로 돌아가라' 하는 말을 듣고 금방 돌아온 것이다."

이 일이 있은 후부터 안웅의 생활은 일변하였다. 자칭 '나는 부처님의 종이다' 하면서 사방에 돌아다니며 부처님을 찬탄하였다. 그리고 여러 사람에게 죽었다 살아난 경위를 말하면서, 지장보살을 일심으로 생각할 것을 권하고 다녔다.

✿ 신들렸던 여자가 스님이 되다

송나라 요성향리(遼城鄕里)는 가호가 2천여 호가 되었는데 모두가 신심이 매우 두터웠었다. 대개 관음보살과 지장보살의 두 보살을 신앙하였고 《관음경(觀音經)》과 《지장십륜경(地藏十輪經)》을 존중하였다.

송나라 태종(太宗) 태평(太平)년(976년)에 전염병이 크게 만연하여 죽는 사람이 많았는데 이를 걱정한 성주가 지장보살에게 기도하였더니, 지장보살 존상에서 방광하여 그 광명은 온 성 내에 뻗쳤고 병들은 자는 나았으며 죽었다고 버린 자가 다시 살아나기도 하였다. 그래서 온 성 내에 염불소리가 가득 넘치게 되었다.

그때 있던 일이다. 신들린 한 여자가 있었는데 그는 불법을 믿지 않다가 병으로 죽었다. 하루가

지난 다음날 아침에 다시 살아나더니, 곧장 절로 찾아가 지장보살 존상 앞에 엎드려 울며 절을 하였다. 그리고 이상하게 여겨 모인 사람들에게 이유를 말하였다.

"다들 아시는 바와 같이 나는 접신한 사람이 아닙니까. 내가 이번에 죽어서 악귀에게 묶여가면서 많은 고통을 받았는데 내가 섬기는 신에게 구원해 달라고 애걸복걸해 보았지만, 신은 악귀 앞에서 아무 말도 하지 못하였습니다. 내가 큰 고초를 받고 있는 중에 마침 한 스님이 나타나시더니, 악귀에게 풀어주라고 말을 하였습니다. 그리고 나에게 하시는 말씀이 '네가 참으로 어리석기도 하구나. 부처님은 믿지 않고 다시 무슨 신을 믿는단 말이냐. 나는 큰절에 있는 지장보살이다. 성주의 청을 받아 성내 사람들을 구하다가 이제 너를 만나 구하여주는 것이

다. 너는 집에 돌아가 바른 신심을 내어라. 귀신
은 자기 죄업으로 받는 몸인데 다른 사람을 어
찌 구해줄 수 있겠느냐. 돌아가는 대로 동리 사
람에게 이 말을 전하라' 하였습니다. 나는 여기
지장보살 은덕으로 살아난 것입니다."

그리고 나서 신들린 여자는 출가하여 스님이
되었다.

✿ 아귀가 천상에 나다

송나라 양주자사(楊州刺史) 장건신(張健信)의 집안 이야기다.

그는 딸 하나를 둔 채 상처하였는데 그의 딸은 어머니 생각을 잠시도 잊지 않고 슬퍼하였다. 하루는 장씨 딸 꿈에 어머니가 찾아와 딸에게 말하였다.

"내가 세간에 살며 너를 낳아 기를 때, 나의 친가나 집안의 권세만 믿고 교만심이 너무 심했다. 또 탐욕심이 너무 심하였으므로 나는 죽은 뒤 곧 아귀보를 받았다.

아귀의 고통은 말로 형용할 수 없구나. 밤낮으로 죽었다 살았다 하는 고통이 반복되고 굶주려 시장하기는 창자가 끊어질 듯하다. 한 달에 한 번도 배를 채우기가 어렵다. 다만 24일 새

벽이면 어떤 스님이 아귀 성중에 들어와 음식을 베풀어주시기 때문에 그때 잠시 시장한 것을 잊을 뿐이다. 알아보니 아귀들에게 음식을 베풀어 먹이는 스님은 지장보살이었다. 지장보살이 음식을 베풀어줄 때에는 '너희들은 마땅히 보리심을 발하라. 나는 지장보살이다' 하시더라. 나는 비록 이 말씀을 들었지만, 너무 심한 탐욕심에 얽혀 버려서 발심하지 못하고 심한 고통을 겪고 있다. 내 딸아, 네가 나를 도와주고자 하거든, 지장보살님을 공양하여 다오. 나를 위하여 꼭 지장보살님 등상을 조성하여 모시고 예배 공양하여 주기를 부탁한다."

꿈을 깬 뒤 장씨녀는 있는 재물을 모아 팔아서 지장보살 등상을 조성하였다. 그런 다음 일심으로 예배 공양하며 기도를 게을리하지 아니하였다.

그러기를 얼마 안 해서 장씨녀 집에 어머니가 찾아왔다. 이번에는 몸에 아름다운 옷을 걸치고 온몸에서 서기 광명을 놓으며, 허공에서 자유로이 걸어 내려와서 말하였다.

"착하다, 내 딸이여. 네가 착한 공덕을 지어주어서 그 공덕으로 이제 내가 천상에 가서 나게 되었다. 너는 앞으로도 더욱 정성스러운 마음으로 예배 공양하여라. 너와 나는 장차 미륵보살이 계시는 하늘에 함께 날 것이며, 또한 부처님을 뵙고 설법을 듣게 될 것이다."

꿈을 깬 장씨녀는 만나는 사람은 말할 것도 없고 아는 사람, 모르는 사람 찾아다니며 이 사실을 퍼뜨렸다.

걸림 없이 사는 법

- 유리하다고 교만하지 말고, 불리하다고
  비굴하지 말라.

- 자기가 아는 대로 진실만을 말하여,
  주고받는 말마다 악을 막아 듣는 이에게
  편안과 기쁨을 주어라.

- 무엇을 들었다고 쉽게 행동하지 말고,
  그것이 사실인지 깊이 생각하여 이치가
  명확할 때 과감히 행동하라.

- 벙어리처럼 침묵하고 임금처럼 말하며,
  눈처럼 냉정하고 불처럼 뜨거워라.

- 지나치게 인색하지 말고, 성내거나
  미워하지 말라.

– 이기심을 채우고자 정의를 등지지 말고,
원망을 원망으로 갚지 말라.

– 위험에 직면하여 두려워 말고 이익을
위해 남을 모함하지 말라.

– 객기를 부려 만용하지 말고 허약하여
비겁하지 말며, 사나우면 남들이 꺼려 하고
나약하면 남이 업신여기나니 사나움과
나약함을 버려 지혜롭게 중도를 지켜라.

– 태산 같은 자부심을 갖고 누운 풀처럼
자기를 낮추어라.

– 역경을 참아 이겨내고, 형편이 잘 풀릴 때를
조심하라.

– 재물을 오물처럼 볼 줄도 알고,
　 터지는 분노를 잘 다스려라.

– 때와 처지를 살필 줄 알고 부귀와 쇠망이
　 교차함을 알라.

– 때로는 마음껏 풍류를 즐기고, 사슴처럼
　 두려워할 줄 알고, 호랑이처럼 무섭고
　 사나워라.
　 이것이 지혜로운 이의 삶이니라.

불자의 다섯 가지 마음가짐

1. "고맙습니다" 라고 하는
   감사의 마음.

2. "미안합니다" 라고 하는
   반성의 마음.

3. "덕분입니다" 라고 하는
   겸허의 마음.

4. "제가 하겠습니다" 라고 하는
   봉사의 마음.

5. "네, 그렇습니다" 라고 하는
   유순한 마음.

경전과 불상을 인쇄하고 조성하는 열 가지 이익

1. 종전에 지은 바 가지가지 과거의 가벼운 죄는 선 자리에서 곧 소멸하고 무거운 것은 또한 차차 가 벼워짐을 얻는다.

2. 항상 선신이 옹호하고 질병과 도둑과 전쟁. 감옥 의 재앙을 모두 다 받지 않는다.

3. 날 때마다 원수로 대하는 이가 함께 법의 이익을 입고 해탈을 얻어 길이 찾아가 원수 갚음을 다시 하는 괴로움을 면한다.

4. 야차와 악귀가 능히 침범치 못하고 독사와 굶주 린 호랑이도 능히 해롭게 하지 못한다.

5. 마음에 평온을 얻어 날로 험한 일은 없어지고 밤 에는 악한 꿈이 없어지며 얼굴빛이 빛나고 윤택 해지며 기력이 왕성하고 하는 일마다 길하고 이 롭다.

6. 지극한 마음으로 법(法)을 받드는 고로 비록 바 라고 구함이 없어도 의식은 자연히 풍족하며 가 정이 화목하고 복과 명이 더욱 길어진다.

7. 말하는 바와 행하는 바를 하늘과 사람이 환희하여 어느 곳을 가든지 항상 많은 사람이 정성을 기울여서 사랑하고 모시며 공경하고 예배한다.

8. 어리석은 자는 지혜로운 자로 변하고 병자는 건강하게 되고 곤란한 자는 형통할 것이며 부녀가 된 자는 과보가 물러가는 날엔 빨리 남자의 몸으로 변한다.

9. 영원히 악도를 여의고 선도에 태어나서 상호가 단정하고 천품의 재주가 뛰어나고 복록이 수승한다.

10. 능히 일체중생을 위하여 선근종자를 심으며 중생의 마음으로써 대복전(大福田)을 지어 한량없는 승과를 얻어 나는 곳마다 항상 부처님을 뵈옵고 법(法)을 얻어 들으매 곧 삼혜(三慧)가 널리 열리어 육통을 친히 증함에 이르러서 속히 성불함을 얻는다.

경(經)을 인쇄하고 불상(佛像)을 조성하면 이와 같은 수승한 공덕이 있는 고로 무릇 수명을 빌거나 기쁜 일을 축하하거나 모든 재액을 면하려 하거나 구하기를 빌거나 침회하고 천도할 때마다 마땅히 환희심으로 보시 희사하기를 노력하여 행할지어다.

성훈스님 권선문

성훈스님 권선문

부처님께서 말씀하시기를,

"미래세의 중생이 매달 1일·8일·14일·15일·18일·23일·24일·28일·29일·30일, 즉 십재일에 불·보살 및 모든 성현의 형상 앞에서 이《지장경》을 한 번 읽으면 모든 재앙이 소멸하며, 집안 식구들 중 어른이고 아이들이고 간에 현세와 미래 백천세에 영원히 악도를 여읠 것이며, 현재의 이 집안의 모든 재앙·횡액·질병이 소멸되고 의식이 풍족하다." 라고 하셨습니다.

흔히들 지장보살님은 영가(靈駕) 천도(薦度)를 위하여만 기도 드리는 보살님으로만 알기 쉬우나, 지장보살님은 불가사의한 신통력으로 남녀노소 백천 가지의 몸을 자유자재로 나타내시어 죄 많은 중생들의 빈곤·재앙·재난·질병 등 모든 고초로부터 구제해주시고, 모든 중생에게 행복과 평화·부귀와 안온·수명과 총명 등의 온갖 소원을 현세 중생에게 충족시켜주십니다. 임종하는 사람을 위하여 이 경전을 읽거나 보살의 명호를 불러준다면 그가 비록 악도에 떨어지게 되었더라도 이 공덕으로 모든 죄업이 소멸되고 좋은 곳으로 나게 되며, 또 새로 태어나는 아이가 남자이거나 여자이거나 간에 7일 동안 정성껏 이《지장경》을 읽어주고 지장보살 명호를 만 번 부르면 이 아이의 타고 난 숙세의 업보가 벗겨져 안락하게 잘 자라며, 수명이 증장되어 그 복은 무어라 말할 수 없이 수승하다고 하셨습니다.

    지장보살님은 석가모니 부처님이 열반하신 후 미륵 부처님께서 이 세상에 나오실 때까지, 모든 육도 중생들을 구원하고 고통에서 건져낼 것을 부처님께서 위촉하셨으며, 또한 지장보살님께서는 고통에 빠진 모든 중생들을 다 구원하고 그 모두가 성불한 연후에 스스로 성불하겠노라고 큰 서원을 세우셨습니다.

    그러므로 불자라면 지장보살님이 영가(靈駕)만을 위하시는 것이 아니라, 이 사바세계 남염부제 중생들에게 현세의 고난을 다음 세상 미륵 부처님이 나오실 때까지 구원 제도하시는 보살님이라는 것을 잘 알아야 합니다.

    고통과 고난이 엄습하여 꿈도 현실도 사나울 때 이《지장경》을 독경하고, 인생의 중압에 억눌

려 한숨과 욕설·후회 등의 말들이 입 밖에 내
뱉어질 때, 이 안 좋은 말과 한숨 대신에 지장보
살을 염(念)함으로써 한량없이 크고 깊고 넓은
지장보살님의 위신력을 우리 모든 불자(佛子)가
현세에서 꽃피워 보도록 염원하는 마음 간절합
니다. 모든 일체 중생이 이《지장경》을 한 권 모
심으로써 모든 업장이 소멸되고 자성의 광명이
스스로 빛나는 생활이 되시길 바랍니다.

나무 지장보살마하살

성 훈 합장

우리말 지장경

2025년 9월 29일 초판 1쇄 발행

편 역 · 고 성 훈
발행인 · 김 동 금
만든곳 · 우리출판사

서울특별시 서대문구 경기대로9길 62
☎ (02)313-5047, 313-5056
Fax. (02)393-9696
메일. wooribooks@hanmail.net
홈페이지 www.wooribooks.com

등록 : 제9 -139호

ISBN 978-89-7561-365-4 03220

정가 12,000원